四川省哲学社会科学『十二五』规划项目
国家自然科学基金项目（71603177）资助

四川贫困村资金互助社发展研究

郭华　李后建　著

乡村振兴背景下『三农』问题研究丛书

西南财经大学出版社
Southwestern University of Finance & Economics Press
中国·成都

图书在版编目(CIP)数据

四川贫困村资金互助社发展研究/郭华,李后建著. —成都:西南财经大
学出版社,2017.8
ISBN 978 - 7 - 5504 - 3193 - 5

Ⅰ.①四… Ⅱ.①郭…②李… Ⅲ.①不发达地区—农村资金—资金
管理—研究—四川 Ⅳ.①F323.9

中国版本图书馆 CIP 数据核字(2017)第 203589 号

四川贫困村资金互助社发展研究

SICHUAN PINKUNCUN ZIJIN HUZHUSHE FAZHAN YANJIU

郭华 李后建 著

责任编辑:何春梅
助理编辑:雷静
封面设计:何东琳设计工作室
责任印制:朱曼丽

出版发行	西南财经大学出版社(四川省成都市光华村街 55 号)
网 址	http://www.bookcj.com
电子邮件	bookcj@ foxmail.com
邮政编码	610074
电 话	028 - 87353785 87352368
照 排	四川胜翔数码印务设计有限公司
印 刷	四川五洲彩印有限责任公司
成品尺寸	165mm × 230mm
印 张	15.25
字 数	205 千字
版 次	2018 年 6 月第 1 版
印 次	2018 年 6 月第 1 次印刷
书 号	ISBN 978 - 7 - 5504 - 3193 - 5
定 价	78.00 元

目　录

1 绪论

1.1 研究背景和意义

社会主义的本质要求消除贫困，改善民生，最终实现共同富裕。习近平指出："全面建成小康社会，最艰巨、最繁重的任务在贫困地区。"改革开放以来，国家对于扶贫事业十分重视，各级政府通过努力与实践，使得我国扶贫开发事业取得巨大成就。如何巩固扶贫开发的现有成果，创新扶贫方式对我国的扶贫事业意义重大。在过去几十年中，金融在经济发展和反贫困中的作用越来越显著，特别是在我国的集中连片贫困地区表现明显。贫困地区村级发展互助资金在中国开展试点最早始于 2006 年前后，国际上将其称为社区发展资金或社区互助资金（Cheng & Li，2009），是小额信贷和金融扶贫的一种创新形式。贫困地区村级发展互助资金是以财政扶贫资金为主导，以村民自愿按比例缴纳的入股资金为依托，在贫困村建立的，民有、民用、民管、民享、周转使用的，主要用于生产经营性项目的发展资金。世界上一些发达国家在该类项目上发展较早，如德国最早的农村信用合作社，以及美国于 20 世纪初发展起来的农场合作信贷体系等。这些国家农村信用合作的发展在曲折中不断向前，在摸索中积累经验。国外无数宝贵的历史经验共同揭示了一个事实，即"作为正规金融的有效补充，合作金融应该也必然是农村金融改革的着力点和发展的最终方向"。在发展农村信用合作方面，我国曾有过艰辛的尝试和探索，但以 1998 年农村合作基金会的全面取缔而宣告失败，而中国农村金融发展的政府主导特征，以及合作原则的丧失是农村合作基金会失败的重要原因（谢琼，2009）。此后，一方面是原有农村信用合作组织在实际意义上的退出，另一方面，在我国农村，实质意义上的信用合作发展出现了近十年的空白期。在当前，贫困地区村级发展互助资金不仅仅是普惠金融发展的一个重要方面，更是对创新新型农村信用合作组织的探索。发展以资金互助为主要形式的农村信用合作，仍然是推动农村金融改革、发展普惠金融的有效措施和重要方式。那么，我国在发展农村信用合作这一问题上为什么会失败？中国发展农村信用合作究竟应当遵循一种怎样的道路和发展规律？当前，我国农村金融改革进入关键时期，伴随着新的金融需求不断出现，农村金融供给也在不断创新，村镇银行、小贷公司和农村资金互助社（包括贫困村村级资金互助社在内）等新型农村金融机构不断出现。农村金融体系的快速发展与变革，也使得农村发展过程中的问题与挑战不断出现。

已有制度尚未完善，国家扶贫工作的进一步推进又给贫困村村级资金互助带来新的挑战。"十三五"规划（2016—2020 年）提出要在"我国现行标准下农村贫困人口实现脱贫，贫困县全部摘帽，解决区域性整体贫困问题"的目标要求。针对这一目标要求，习近平总书记在 2015 年减贫与发展高层论坛上强调"中国扶贫攻坚工作实施精准扶贫方略，注重抓六个精准，即扶贫对象精准、项目安排精准、资金使用精准、措施到户精准、因村派人精准、脱贫成效精准，确保各项政策好处落到扶贫对象身上"。《中国农村扶贫开发纲要（2011—2020年）》（以下简称"纲要"）指出："当前，贫困地区特别是集中连片特殊困难地区（以下简称'连片特困地区'）发展依然滞后，扶贫开发任务依然艰巨；要将连片特困地区作为集中突破口，创新扶贫工作机制，探索扶贫新途径，进一步扩大资金互助试点，努力满足扶贫对象发展生产的资金需求。"

四川位于我国西南，在 14 个集中连片特困地区中，四川涉及其中 3 个，扶贫工作异常艰巨。而就四川金融扶贫的现状来看：一方面，四川贫困地区农村发展的资金需求缺口与金融需求持续扩大；另一方面，该类地区的正规金融服务极度匮乏。2008 年，党的十七届三中全会决议首次提出"允许有条件的合作社开展信用合作"，正式确立了农民专业合作社开展内部信用合作的合理性。2013 年，党的十八届三中全会将其进一步简化为"允许合作社内部开展信用合作"。2014 年、2015 年、2016 年中央一号文件及党的十八届五中全会决议逐步引导并规范了农民专业合作社内部资金互助的试点工作。2014 年，中央一号文件指出，"要加快农村金融制度创新，发展新型农村信用合作组织"。农村资金互助社甚至是贫困村资金互助社本身具有合作性，也可以发展为新型农村信用合作组织。新型农村信用合作组织承担起完善农村金融服务体系和满足农民生产性小额信贷需求的新使命。2015 年，中共中央、国务院出台《关于深化供销合作社综合改革的决定（中发〔2015〕11 号）》（以下简称"决定"），"决定"指出"要拓展供销合作社服务领域，稳步开展农村合作金融服务"。2016 年，中央一号文件提出，"扩大在农民合作社内部开展信用合作试点的范围"。四川是全国农村资金互助最早的试点省份之一，因此，探索出适合四川贫困地区的有效的农村信用合作的服务模式迫在眉睫。贫困村资金互助社的组织、运行、管理等方面的创新研究，对进一步深化、丰富和完善信用合作理论、反贫困及贫困治理理论有着重要意义。同时，研究、完善和创新四川金融扶贫制度，关系到全省扶贫工作的稳步推进，关系到扶贫目标的全面完成，对进一步创新金融扶贫方式，优化竞争性财政资金分配，有着重要意义。

1.2   文献综述

从性质来看，贫困村资金互助社具有农村信用合作组织的典型特征，其运行遵循标准的小额贷款方式。自身的性质决定了发展的方式和路径安排。由于社区对自己的状况是最了解的，贫困村资金互助社直接借鉴了分权和社区参与的理念（Hoddinnott，2001），同时汲取小额信贷和互助储金会的有益成分，试图将强制性制度变迁转变为诱导性制度演化。从另一个角度来看，贫困村资金互助社是非政府小额信贷的一种新尝试，是为满足农村资金需求的供给不断扩大的产物。同其他小额信贷组织一样，贫困村资金互助社存在并正在经历着"使命漂移（Mission Drift）"等问题，是否能可持续发展关乎其是否能长久地在国家扶贫工作中发挥作用，是否能持续为贫困村提供金融服务。毫无疑问，贫困村资金互助社的绩效也成为影响贫困村资金互助社可持续发展的重要指标之一，同时，也不能够忽略由于政策、管理、制度等带来的一系列风险及其相应的监管制度。

1.2.1   对我国农村信用合作发展的探讨

1.2.1.1   对我国农村信用合作现状的探讨

毋俊芝（2008）认为，正规金融和非正规金融共同发展是各国农村金融市场的共同特征。有学者认为，一方面我国农村金融存在着"过度正规化"问题，另一方面"非正规借贷"现象十分普遍（沈明高，2014）。Turvey（2010）基于我国 1 500 份农户调查数据发现，非正规借贷对小额信贷以及正规借贷存在明显的挤出效应，这其中，群体特征是参与非正规金融组织的首要解释因素，交易成本发挥的作用也越发重要（Cuevas，1991）。在过去的十年中，农村信用社已变得越发商业化（He，2014）。从发展中国家的经验来看，银行业当局企图通过发展信用合作来调节、限制和禁止大多数农村非正规金融的形式（Tsai，2004）。而当前，我国几乎没有真正的合作性金融机构（马晓楠，2013）。我国农村生产关系经历了多次调整，具有复杂性和特殊性，历史经验和实践证明，在农村地区发展信用合作更加适合我国的农村生产关系，而这一组织形式的代表便是已经在我国广泛存在的农村资金互助（谢勇模，2009；王玮等，2008）。贫困村资金互助社成为中国农村金融改革的一个重要方向，也是理论界关注的热点问题（韩国明，2009）。曹明霞等（2015）利用结构方程模型，研究了农村金融供需环境对农村资金互助社发展的影响，研究结果表明，农村金融供给环境是农村资金互助社发展的显著影响因素，在当前环境下，农村资金互助社有很大的生存发展空间。

1.2.1.2　对于我国当前农村信贷供给与需求的探讨

在我国农村地区，农户面临着数量配给、交易成本配给、风险配给等多种正规信贷配给（邵传林，邵姝静，2015）。在这种情况下，利用财政金融发展各种小额信贷便是中国解决农村贫困问题的重要手段，如世界银行第五期技术援助项目（TCC5）支持试点的"贫困村村级互助资金"和银监会批准试点的新型农村金融组织"农村资金互助社"（张林，冉光和，2015）。董晓林等（2016）运用 Heckman 两阶段样本选择模型，以江苏省 825 家农户为样本，实证检验了农村资金互助社的"共跻监督"对正规信贷配给有缓解作用，能够降低农户的借贷成本和交易风险，并且在"共跻监督"机制下，贫困农户获得信贷资金的机会也增加了。

农村信贷需求的多样化与信贷产品和形式的不足成为矛盾。在我国，农户作为农村金融的需求者，具有一定的特殊性，譬如分散性、收入不高，在借款方面具有很强的时间紧迫性且额度较小，在生产方面面临较大的风险（Hoff, Stiglitz, 1990）。能满足农村金融多层次及地域非均衡发展需求的农村信用合作组织尤为重要（吴爱华, 2014）。Lee（2011）基于中国一个省的入户调查数据，运用 Logistic 回归分析，探讨了影响农户小额信贷可及性的主要因素。结果表明，农户获得借款的障碍主要来自于供给面，农村信用合作社的借款产品无法满足农村人口多样化的需求。Pellegrina（2011）通过估计借款数量、利率及抵押物的净值差异，发现小额借款机构的借款更容易流向非农活动，而非正式借贷及银行借贷却与农业生产投入高度相关。恰恰在我国东部地区的农村，金融需求已经转向以非农业为主（毋俊芝, 2008）。

1.2.1.3 对于我国农村信用合作当前存在问题的探讨

已有文献对于我国农村信用合作发展存在的问题进行了诸多探讨。张晓山（2003）认为，当前农村资金外流和农村信贷资金不足已成为阻碍我国农村经济发展的主要障碍。胡士华（2005）认为金融贷款讲究的不是公平，亦不完全是只为有融资需求的人提供服务，盈利始终是商业金融信贷的追求和目的。也就是说，商业性金融贷款在客户的选择上会以是否能够带来更多的盈利为考量，没有被选择的就是金融活动中的弱势者，这些人也更有可能成为信用合作的参与者，他们在面临资金短缺问题时，虽然有迫切的融资愿望，却无法从正规金融机构获得优质的商业性金融贷款。因此，通过相互协助的方式建立合作性互助金融组织，改善融资上的被动境遇成为优先的选择。反观当前我国现有的互助性信用合作组织面临着各种内部和外部问题，内部如管理、制度方面的问题（王苇航, 2008；张海清, 2008）；外部问题如生存环境恶劣、由于政策的限制导致的融资问题和立法缺陷造成的性质上的模糊等问题（张德元等, 2008；姜柏林, 2008；李中华等, 2008；周立, 2008），这些问题都成为贫困村资金互助社发展道路上的阻碍。也有学者提出，在政府直接干预的信贷模式下，真正需要借款的农户难以获得借款，由于认识上的错误，获得财政性借款的农户往往将该类借款作为政府补贴或者资助资金，还款意愿较低（Annim，2009）；同时，不同收入水平的农户从借款中获得收益的水平也存在较大差距。国外文献对于该问题产生的原因有过比较详尽的探讨，如：Galasso（2000）认为，社区参与在贫困瞄准方面存在缺陷，也会使得资源被优势群体掠夺，此时，分权给穷人带来好处并非是必然的（Conning，2002）；Mersland（2010）提出，小额借款机构正经历着使命漂移（Mission Drift），这种改变使得他们更愿意向更好的客户资源靠拢；Beatriz（2011）通过对大量小额信贷机构成比例的扩大平均借款规模趋势的研究，解释了在小额借款中难以理解的"使命漂移"现象，提出这种现象并非只由交易成本最小化驱使，以反贫困为导向的小额借款机构会偏离他们本身的任务。政府干预对小额信贷机构更有效地识别真正需要借款的客户产生负面影响，这种模式下的信贷配给往往难以被认为是有效的，原因就在于，此模式下容易出现依照血缘社会关系进行分配的逆向选择问题和由此带来的道德风险问题（Tsai，2004；Sapienza，2004）。在2006年以前，有关金融发展与农民收入增长关系的直接研究并不多见，学者更多通过金融发展和收入差距两个方面进行研究，借助后者的研究视角，在间接探讨中获得两者的关系（Greenwood and Jovanovic，1990；Galor and Zeira，1993；Clarke，2006）。Kstsushi（2008）实证研究了孟加拉小额信贷机构后发现，贫困程度越严重的农户，从小额信贷机构获益的可能性就越大，减贫的效果就越显著。对于农村信用合作来讲，胡士华（2005）认为，农村信用合作社演化为基层管理者的融资工具而使得农村信用合作社的作用发生了改变，从而出现发展走偏的结果，这一现象的出现正是政府对合作社日常经营的干预和介入导致的。从制度经济学的视角分析农村信用合作社背离合作原则而产生性质异化的原因，主要是合作金融发展过程中所依赖的制度变迁推动力量是由政府主导，变迁的方向是自上而下的（姚会元，2008），在这个过程中，"入社自愿、退股自由"的自愿性原则没有真正得到体现（周楠等，2009）。

1.2.1.4 对于基于农民专业合作社发展农村信用合作的探讨

目前，农民专业合作社在我国农村是最具有代表性的合作经济组织，但农民专业合作社并未完全发挥其服务功能，实现服务目标，当然，这在很大程度上受到其产品特征的显著影响（黄祖辉、高钰玲，2012）。成员拥有的资源状况，农民专业合作社管理层的企业家才能，以及对管理者的激励机制都会影响合作社提供服务的质量；产业集群的产品认证及政府的资金扶持对农民专业合作社服务功能的实现程度也有显著影响（吴晨，2013；何安华等，2012；黄季焜等，2010；郭红东等，2009；黄祖辉，2008；张晓山等，2001；等），农民专业合作社的发展缺乏有效的金融支持也成为不争的事实。根据国家工商总局的统计，截至2014年年底，我国农民专业合作社数量接近130万家，出资总额2.73万亿元，但到2016年6月底，全国依法登记的农民专业合作社达到166.9万家，入社农户约占总农户数的42.7%。两年多的时间内，全国农民专业合作社的数量上升了近37万家。学术界围绕农民合作经济组织的发展绩效、组织服务功能发挥状况及影响因素进行了许多研究，取得了丰富成果。安徽省农村金融学会课题组（2010）对安徽的8 000多个农民专业合作社的调查发现，对农民专业合作社的金融支持力度与其快速发展不相匹配。面对当前农民专业合作社的发展局面，也有学者指出，农民专业合作社的发展具有阶段性，要允许其"试错"（崔宝玉等，2014），不能简单地用抽象的概念去框定甚至是限定农民专业合作社的发展（韩俊等，2009）。农民专业合作社的发展和农村制度结构与政策转型紧密相关，要注意合作社发展的"嵌入性"及合作社理论发展的"本土化"（张晓山，2014）。

基于此，有学者提出通过发展农村内生性金融来化解当前农村金融有效供给不足的金融困境（温铁军等，2007）。不少研究提出，在农民专业合作社的基础上发展农村资金互助的模式（楼栋等，2011；夏英等，2010；何广文，2009；夏英等，2010）。农村信用合作组织发展的母体是各类合作经济组织（宋彦峰，2010），以农民为主体的信用合作模式，依据我国农村的基本情况，是在信用合作理论指导下，适应市场经济发展需求的有益尝试（国鲁来，2006）。在产业基础上快速内生的新型农村信用合作组织，能够填补因农村信用社性质异化而留下的农村信用合作的空缺（王萍，2011）。戎承法（2011）实证研究后得出以下结论：第一，可以在农民专业合作社基础上成立农村资金互助社，但开展社员之间的资金互助需要首先确定前者在法律上的地位；第二，在农民专业合作社的基础上发展农村资金互助社，可以使互助资金更好地发挥杠杆的作用，为社员提供资金帮助；第三，被调查的合作社中，过半的农民专业合作社通过开展农村资金互助的方法，解决了社员资金短缺的困境，且违约率并不高；第四，在其他条件不变的情况下，社员基数越大，在农民专业合作社基础上开展农村资金互助的模式越有可能发挥作用，同时，可以开展社际资金互助，使得不同社的农村互助资金得以相互拆借和自由流通，更好地满足社员的融资需求。在农民专业合作社内部开展农村资金互助活动受到以下三方面的影响：一是农民专业合作社发展的情况，二是合作社管理层的情况，三是农村资金互助业务的开展情况（戎承法，2011）。毛飞（2014）探讨过农民专业合作社融资服务供需双方的情况及影响融资服务的因素，并对9个省115家农民专业合作社的数据进行了实证分析。分析发现：第一，农民专业合作社的社员组织事务参与度的提升对其融资服务的供给具有正向的促进作用；第二，在一定程度上扩大的成员覆盖范围，以及组织决策的民主化程度过高不利于农民专业合作社融资服务的供给。张德元等（2016）通过案例研究的方法，发现农民专业合作社内部信息的高度对称增强了社员间开展信用合作的动机，同时也保障了在内部开展农村资金互助社的社员间互助合作的稳定性，在依托农民专业合作社开展农村资金互助试点时，只有合理控制合作社社员的规模，才能将合作社内部开展农村资金互助的效果发挥到最大。王俊凤（2017）基于耗散结构理论，对农民专业合作社内部开展的农村资金互助进行了熵分析。结果表明内部资金互助系统存在的正熵流容易使系统处于混乱的状态，优化内部治理结构是促进农民专业合作社内部开展农村资金互助有序、良性自循环的有效方式和途径。

1.2.2 关于农村小额信贷机构绩效的研究

1.2.2.1 小额信贷机构经济绩效的研究

对经济绩效的研究主要集中在参与小额借款所需的成本、对小额信贷项目本身的评估、影响小额借款机构经济绩效的因素等方面。诸多研究认为，各国小额借款普遍存在"使命漂移"的现象。从经验来看，小额信贷具有"瞄准、小额、短期"的特征。由于小额信贷的对象大多缺乏可抵押物，因此信用贷款是小额信贷的主要形式。有学者（Nieto，2007）提出，小额信贷机构是一种特殊的金融机构，具有社会性和非营利性，但 Cull 和 Morduch（2009）的研究表明，营利能力较差的机构反而能够使各类人群的借款需求得到保证。Mersland（2008）比较了股份公司、非营利组织和合作社参与小额借款的所有权成本，并且提出了一个更好的了解小额借款机构所有权成本的理论框架。Ahlin（2011）收集了 373 个小额信贷机构的数据和与国家层面相关的经济制度方面的资料，提出国家的政策背景是小额借款机构绩效的首要决定因素。Hartarska（2005）提出了内部治理对中东欧和新兴国家小额信贷机构发展和可持续性影响的研究。研究结果表明，管理者的薪酬水平与小额信贷机构的业绩的相关性不显著，小额信贷机构的可持续发展取决于与其利益相关的董事会和员工参与的独立董事会的作用，而外部治理机制的作用十分有限。绩效评价方面往往通过各种传统的金融比率来衡量。Nieto（2007）的方法，超越了一般的DEA（Date Envelopment Analysis，数据包络分析），用来衡量小额信贷机构的效率，在对 DEA 模型进一步细化的基础上，加入了多因素的分析方法，探讨 DEA 得分的真正原因。刘志友、孟德锋（2013）对江苏省 56 家小额贷款公司进行了 DEA-Tobit 分析，发现金融发展程度对机构的社会和财务效率有共同抑制作用，而盈利水平对其存在促进作用。Mersland（2010）基于平均借款规模、主要借款市场及性别歧视等指标，通过对多国的小额借款机构跨越 11 年的数据进行统计，发现在整个产业中，农村居民借款水平没有显著的差异，城镇居民和非城镇居民借款的比例维持稳定，平均利润和成本相比 11 年前同步增加，更加趋向于增加平均借款水平和其他漂移措施；据此，我们应当关注小额借款机构的成本效率。Hudon（2011）使用原始的评级机构数据库，通过实证分析补贴强度对小额信贷机构的效率的影响发现，补贴效率能够产生积极的影响，在这个意义上，小额信贷机构收到补贴比没有补贴更有效率。然而，研究也发现，补贴具有临界值，一旦超过一定的补贴临界水平，就会产生与预期目标相悖的影响。在 Hudon（2011）的样本中，26%的小额信贷机构获得的补贴高于阈值水平，意味着边际削减补贴力度会提高他们的效率。杨虎峰、何广文（2011）曾对我国 42 家小额贷款公司进行财务效率评价，发现效率水平的地区性差异并不明显，并且普遍处于规模递增阶段。Hermes（2011）采用随机前沿分析研究了小额信贷机构效率和将借款在穷人之间推广两者之间的联系。结果表明，小额信贷机构平均借款余额与效率呈现明显的负相关关系，进一步，女性借款者越多，效率越低；而在增加了一些控制变量之后，这种负相关的关系仍然显著。

Ahlin（2007）发现，在一个决定是否借款的相关模型中，收益的协方差较高，能够减轻逆向选择效应；有限连带责任的借款可能性越高，资金投入项目成功的概率越低。陈东平（2012）基于江苏省盐城市66家农村资金互助社的调查数据，通过线性回归方法，依据组织新制度主义的观点，逐一分析了政府管制、农信社关注、农户认知、组织间模仿等因素对新型农村信用合作机构（NCF）支农绩效的影响。

对于影响小额信贷机构经济绩效的原因，有的学者认为，政府干预比如制定政策目标、利率管制政策等，会造成农村信用合作组织经营效率低下；有学者认为农村信用合作组织自身的因素，比如不良借款、配置效率低下等，不利于农村信用合作组织的业绩提升；也有学者研究了其与改革效率的关系，发现改革有助于农村信用合作组织的效率提高。Yaron（1997）和Seibel（2005）认为农村信用合作组织过分重视政策目标，忽视组织自身的经营，导致自我可持续性较弱，获利不足以维持经营。Kovsted（2003）认为政府对农村信用合作组织的直接干预行为不利于其经营效率的提升，这种直接干预常常表现为政府通过制定政策对农村信用合作组织的利率水平进行管制，该行为降低了管理者用改善管理来提高农村信用合作组织盈利水平的积极性。程恩江等（2003）借助SDI指数（补贴依赖指数）对农信社的运营效率进行研究后得出了总体经营效率不理想但不同地域间运营效率存在差异的结论，并指出经营效率较低的历史原因。黄强（2012）尝试用技术效率与配置效率两个指标来解释农村信用社成本效率水平普遍不高的原因，分析发现，两个指标均有待提升（特别是配置效率），才能有效提升农村信用社成本效率水平。农村信用社改革效率方面，学者看法不同。张兵等（2008）认为发达地区农信社改革后整体效率和管理效率都出现了提高；规模效率下降，成为整体效率提升的阻力。师荣蓉等（2012）研究了农村信用社的成本效率。他通过观察成本效率均值变化来衡量改革效果，改革前各地区的农村信用社成本效率均值之间的差距较大，改革后这一情况得到了较大改善，不仅指标差距缩小，并且呈上升趋势且略有波动。研究方法方面，财务指标分析法使用频率较高，比如何广文（2002）、聂勇（2009）、宋汉光（2010）、杨小丽等（2010），也有少数人采用函数分析法，比如吴少新（2009）、杨虎锋（2011）等。

1.2.2.2　小额信贷机构的社会绩效研究

有研究认为小额贷款机构应当更加关注其社会绩效。小额信贷机构整体社会绩效表现为福利效应，大量的实证研究探讨了小额借款对借款人福利效应的影响，而对其福利效应本身，存在着两种不同的认识：一些学者认为小额信贷机构发放的小额借款可以消除贫困，提升社会福利总体水平（王曙光，2013；Nader，2008）；持相反观点的学者认为小额借款加强了农村社区的不平等，此时，小额贷款并未发挥其反贫困的作用而成为反贫困工具（Hsu，2014；Shah，2010）。传统的金融服务并不能覆盖全部人群，常常使得一些弱势群体难以得到有效的金融服务；普惠金融服务体系的构建便是为了弥补传统金融服务的不足，构建普惠金融体系的前提是金融创新（王曙光，2013）。Mukhopadhyay（2014）认为，对于小额信贷项目的评估通常基于其对消费、收入、企业创新，以及健康和教育等一系列的发展的影响。近年来，小额借款已经得到了全世界的认可，作为一个灵活的机制，其扩大了个人（特别是穷人）获得金融服务的渠道，是实现减少贫困和其他社会发展的有效途径（Li，2011）。Nader（2008）认为，小额信贷已成为用来消除贫困和提升福利水平的最重要的工具。然而，小额信贷对中国农户生计影响的研究并不多见。Lee（2011）通过中国农村住户调查所收集的两年的面板数据，探讨了小额借款对中国农村家庭福利的影响。与 Banerjee 和 Newman（1993）类似，Ahlin（2008）

研究了小额信贷对职业选择模型影响的长期效应，提出小额信贷是促进发展而非反贫困的工具。Hsu（2014）的研究认为，小额借款不仅没有减少不平等，反而增加了不平等。大量研究主要集中在小额信贷对借款者福利效应的探讨上，但很少有对村庄整体福利进行讨论的研究（Shah，2010）。Shah（2010）基于准实验研究，以变异系数为衡量标准，分析了在泰国家庭及村庄层面，小额借款对收入不平等的影响效果，结果表明增加一个村的借款所有权会使得收入分配更加不平等。

对于贫困村资金互助社的社会绩效，学者们都肯定了贫困村资金互助社的发展对于提高农村金融信贷可得性、农民收入水平等方面的影响，但就普通农户和贫困农户从贫困村资金互助社获得借款的机会和获益程度问题存在争议。第一种观点认为，普通农户和贫困农户获得借款的机会大体上是均等的，二者均从中获益。林万龙等（2007）归纳了农村资金互助社发展的三种模式，并以仪陇、霍山、旺苍为例进行案例分析和实证研究，对比发现，农村资金互助社对提高借贷社员的收入产生积极效应，对中低收入社员的作用尤其显著。国务院扶贫办王国良（2009）等利用川、陕、皖贫困村资金互助社试点的一手数据进行研究，按照实际收入水平将农户分为三类，并对农村资金互助社针对不同类型农户覆盖、借款机会、借款结果进行研究，发现不同类型农户的入社率、借款率大体相当；就借款结果来看，社员农户收入水平显著提升。吴彬（2009）认为农村资金互助社体现公平的原则，制度设计合理，没有明显的倾向性，尽管如此，未必能很好地发挥益贫作用，因为还受到其他很多因素的影响，比如基于成员异质性的内部结构矛盾和基于农业产业化的外部市场压力。第二种观点认为，贫困农户从贫困村资金互助社获取借款服务的水平低于普通农户，并且它更有利于普通农户收入水平的提高。刘金海（2010）认为帮助贫困农户解决发展资金短缺问题，为其增加收入贡献力量是贫困村资金互助社存在的重要目标与意义。他对 7 个省 9 个贫困县 18 个贫困村资金互助社的实地调研和数据分析表明，贫困村资金互助社并没有违背自己的目标，一直在提高贫困村农户收入的道路上前进着，但在区分贫困村相对富裕的农户与贫穷农户的基础上，可以发现贫困村互助资金对提升二者收入水平的影响程度不同，对前者收入的提升幅度更大。杨丛丛（2009）认为不同收入水平的农户对扶贫互助资金的利用程度是有区别的，相对来说，收入水平相较更高的农户从贫困村资金互助社获取借款的可能性更高。因此贫困村资金互助社是提高贫困农户借款机会的有效手段，但不能完全解决贫困农户的资金短缺问题。

小额信贷还存在着其他的一些负面影响。Shimamur（2009）分析了农业信贷计划对马拉维农村儿童入学率的影响，发现获得借款使得更多的女童失学或延迟入学。Hazarika（2008）发现，在劳动力需求的高峰季节，农户获得小额信贷，会增加雇佣童工的概率。在撒哈拉以南的非洲，小额信贷的危机不断加剧，但其仍然被看作是一个重要的开发工具。在撒哈拉以南的非洲，小额信贷与微型储蓄对穷人的影响涉及收入、储蓄、支出、资产的积累，以及非财务结果包括健康、营养、食品安全、教育、儿童劳动力、妇女的权利、住房、就业、社会凝聚力等方面（Rooyen，2012）。Mukhopadhyay（2014）基于 Banerjee 等（2013）在印度安德拉邦的 6 080 户随机调查数据，探讨了小额借款对消费的影响，研究发现，发展以小额信贷为主要形式的普惠金融并不足以缓解消费不平等，而需要更有针对性的生计支持计划为那些无法参与小额信贷项目的农户提供支持。

1.2.3 农村信用合作组织的风险防范和监管

1.2.3.1 对农村金融管理体制的研究

农村金融管理体制方面，学者们热衷于探讨政府对农村金融体系干预的相关问题。Shaw 和 Mckinnon（1998）认为，在许多发展中国家，政府对于金融活动和金融体系的干预现象较为普遍，基于此，农村金融呈现出规模小、效率低下的特征。政府干预使二者之间存在诸多矛盾，如资金量方面的，农村金融与国有金融的差距不断恶化，对整个金融体系的效率产生不利影响。美国曾在 20 世纪 90 年代就政府干预对农村金融产生的影响做过专门研究并形成报告。1996 年的《农业信息报告》说明，政府对农村金融市场的干预就像是一把双刃剑，将对农村金融市场的效率产生两种不同的影响。那么，通过适当的方式进行干预就显得尤为必要，合适的手段包括影响市场准入和市场分割等。有学者（Jacob，McDonald，Stepanie，1998）认为，政府的目标应该且始终是为农村金融市场的发展构建有利的政策环境，在农村金融市场的完善中，政府干预的性质应该且始终是辅助性的，手段应该且始终是非直接性的。Gertmd 和 Franz（1998）指出，农村金融的发展受到宏观不稳定因素的影响，比如经济转型期间，农村金融发展缓慢。农村金融机构面临着诸多问题，而问题又包括多个方面，同时，引起问题的原因是复杂多样的，如抵押物的所有权不明晰。这时需要运用一系列可能有效的措施和手段来减弱这些不稳定因素造成的影响，如建立有效的农村金融机构控制机制，提高农村金融机构效率，创新金融工具等。Swinnen 和 Gow（1999）研究了处于经济转型过程中的中东欧国家的政府干预问题。Fleising（2003）认为农村金融市场的运行受法律和其他非法律因素的共同影响，比较重要的非法律因素是约定俗成的具有地方色彩的习惯和方法；而金融机构的准入和退出机制方面的相关立法对资金流入农村金融市场至关重要。我国曾经在农村金融管理体制改革上进行过许多尝试，由于监管不力始终是阻碍农村金融发展的重要原因，所以国家在这方面投入了更多的精力和资源，成立省级联社是在改革过程中采取的主要监管措施，但其忽略了农村信用社因所处地域不同而具有的特殊性。这一措施并没有使农村金融市场的政府干预问题得到有效的解决。

1.2.3.2 对农村信用合作组织的风险防范和监管的研究

在当前农村信用合作组织的风险防范方面，学者们主要研究了现有农村信用合作组织风险防范机制和加强风险防范的具体措施。陈娟（2009）对农村资金互助社的风险防范系统进行了理论研究，认为信息不对称的影响再加上农民还款意识薄弱，会导致信用风险的出现。另外，由于贫困村资金互助社的特殊性，其服务项目有别于信用社等农村金融机构，只能为社员提供借款服务，不能向社员吸收存款，资金来源单一，规模受限，服务能力不足，从而导致资金不能可持续性发展的风险。研究还探讨了农村资金互助社风险防范机制的五个构成要素：一是社员筛选机制，二是内部治理和决策机制，三是商业化运营机制，四是连续借款与动态激励机制，五是资本约束和比例控制机制（陈娟，2009）。廖继伟（2010）认为进行风险防范就需要从完善法律法规、加大政策支持力度、加强监管和引导等方面做起，以促进贫困村资金互助社的健康发展。周佳丽（2013）从农村资金互助社的性质和内涵出发，探讨了农村资金互助社风险防范的策略，包括加强内部控制、完善制度法规、提升员工专业素养等具体措施。

在其他农村金融机构的风险防范方面，学者们分别对农村信用社和小额贷款公司面临的风险及风险防范措施进行了研究。在农村信用社所面临的风险方面，张强和王鑫泽（2000）认为农村信用社的组织风险在于组织的信息机制不能够承载和控制所需要的信息，并从农村信用社信息机制改革角度研究了农村信用社的风险防范，提出农村信用社信息机制改革应从减少信息传递途径和由信息封闭向信息分散转化两个方面着手。在小额贷款公司所面临的风险方面，施金影（2009）认为，小贷公司的成立对拓宽农村金融市场融资渠道发挥了积极的作用，但目前的发展还不够成熟，存在着许多问题，面临诸多风险，主要包括客户风险、内部风险和经营环境风险。建议从形成可预期、可持续的经营策略；加大员工培训力度，完善公司激励机制；设计多种信贷产品，构建征信体系；加强贷后管理；扩大融资渠道五个方面着手加强小额贷款公司风险防范。章敏（2010）研究了小额贷款公司经营风险和风险防范对策的问题，一方面，指出给小额贷款公司的经营带来风险的原因，包括我国小额贷款公司自身的定位，以及各种经营方面的问题；另一方面，根据这些原因提出了相应的风险防范措施。

在农村金融组织风险监管方面，已有研究主要探讨了监管存在的缺陷，并提出具有针对性的建议。姚亮（2009）认为发达国家在农村金融监管方面较为成熟，在资金安全性与监管方面有许多值得我们学习的经验。周扣琴、张庆亮（2007）和史程（2007）借助博弈论的方法分析我国农村金融监管制度存在的问题，并提出优化农村金融监管制度的对策建议。周牧晗（2009）认为从法律制度的角度强化农村金融监管具有充分的法理基础和重要的现实意义。尹矣（2003）在梳理我国农村金融监管制度的历史后，将其划分为四个阶段：中华人民共和国成立至 20 世纪 70 年代末、20 世纪 80 年代初至 90 年代初、1993 年下半年至 21 世纪初及 21 世纪初至目前，进而，对我国农村金融监管制度本身进行了剖析，发现了以下问题：第一，缺乏职责明确的监管主体；第二，各监管主体之间缺乏沟通而难以形成有效的共同监管；第三，由于监管主体自身原因与外部原因造成的监管效率低下；第四，监管机制不完善，监管者本身缺乏监管。

1.2.4 文献评述

我们通过对国内外研究现状的梳理可以发现，国外存在类似贫困村资金互助社的信用合作组织，因此，虽然没有在国外学者的诸多相关研究中发现贫困村资金互助社的准确提法，但国外对农村信用合作组织发展的研究颇为丰富。在这些研究中，社区发展资金或社区互助资金出现的频率较高，得出了很多颇为有益的结论和建议。国外有许多关于农村信用合作的研究成果，但信用合作发展历史、发展水平、相关政策等各方面存在的较大差异，使得农村信用合作组织所面临的问题各不相同，研究切入的角度和得到的结论也就百花齐放。大体上，他们的研究多从微观视角切入，包括诸多方面，如信用合作的界定、发展历程、作用影响、存在问题和管理体制等。就合作金融的作用影响来说，国外学者多认为它有助于消除贫困和提升福利水平，但也有学者认为它不足以缓解甚至加剧了不平等。在信用合作的管理体制方面，学者更加倾向于研究政府与机构的关系及干预问题，他们普遍肯定了政府干预的必要性，但是其仅在机构的长远发展中扮演服务的角色而并不起决策作用，政府主要通过制定相关政策、完善法律和加强监管来构建良好的环境和促进农村金融的整体发展。总的来说，国外相关研究结论丰富，促进了相关理论的发展和完善，也在现实中应用于实践，促进了农村合作金融的发展。

在我国，早在中华人民共和国成立初期就进行了农村信用合作的探索，农村信用合作社就是在这一时期产生的。20 世纪 80 年代中期，农村合作基金会成立，以弥补这一时期农村资金需求无法满足的问题。20 世纪 90 年代末，农村合作基金会在全国范围内遭到强制取缔，后来作为新型扶贫小额信贷机构之一的贫困村资金互助社得到较快发展，我国农村信用合作模式经历了几十年的起起伏伏。国内对从农村合作基金会全面取缔到我国贫困村资金互助社开始试点之前的这一段时期的研究相对匮乏，对于新型农村信用合作组织的相关实证研究也由于系统性数据的缺失所以并不多见，研究重点相对独立，研究对象相对简单。在农村信用合作组织的绩效评价方面，国内有很多学者采用财务指标来衡量农村信用合作组织的经济绩效，也有少数采用前沿生产函数的方法对其效率进行评价。由于贫困村资金互助社不同于一般农村信用合作组织，其带有反贫困的目的，具有一定的公益性，对于其绩效的研究主要集中在社会绩效方面，关于社会绩效的评价主要是指贫困村资金互助社发展对于提高农村金融信贷可得性和农民收入水平等方面的影响。部分学者的研究对于普通农户和贫困农户从贫困村资金互助社获得借款的机会和获益程度问题存在争议，表现为：有学者认为普通农户和贫困农户获得借款的机会大体上是均等的，二者均从中获益；也有学者对此持不同观点，认为贫困农户从贫困村资金互助社获取借款服务的水平低于普通农户，并且它更有利于普通农户收入水平的提高。国内对经济绩效的研究相对薄弱，评价标准简单，主要借助 Yaron 的分析框架进行探讨。就风险监管方面的研究而言，研究内容主要包括农村金融组织面临的风险、风险形成的机制和加强风险防范的具体措施等方面。

综上所述，国内外学者除了在研究内容上存在差异，在该领域的研究方法上也存在一定差异。由于国外农村信用合作出现较早，发展更加成熟，国外在这方面有着较多的探索，研究视角和研究结论丰富，为我国农村信用合作发展和研究提供了许多有参考价值的借鉴。国外学者在相关问题的研究中尝试了不同的方法，并形成了理论体系。我国学者所做的相关研究，借鉴国外的较多，创新的思路和方法较少。学者们的研究还存在一些有待进一步解决的问题，比如大多数研究和分析：①对于贫困村资金互助社的概念界定不清，已有的文献中出现"农村资金互助社""农村资金互助组织""农村互助资金"等多种表述；②缺乏对贫困村资金互助社运行和管理模式较为清晰的描述；③缺乏农户对贫困村资金互助社所在社区整体福利水平变化的直接评价；④研究大多基于截面数据，欠缺从时间维度进行思考的研究；⑤绩效评价标准简单；⑥对于贫困村资金互助社发展的制度创新，缺乏在整体框架下的深入而全面的讨论。

　　本书在国内外农村信用合作特别是贫困村资金互助社这一领域的研究基础上，考虑已有研究存在的不足之处，立足于四川贫困地区村级资金互助社发展的实际情况，根据访谈和实地调研所获取的第一手资料和数据，探索四川贫困地区村级资金互助社的发展问题。

1.3　研究的创新点

　　本研究主要有三点创新：

　　第一，以国家扶贫纲要为指导，以推动精准扶贫为目标，对贫困村资金互助社的发展问题进行有针对性的研究，选题和视角都比较新；清楚地界定了研究主体贫困村资金互助社的概念，将易在概念上混淆的几类贫困村资金互助社做了详细对比，方便以后的研究者厘清它们之间的关系。

　　第二，将实证性和应用性相结合，用数据和分析结果来说明问题，较为系统地、清晰地描述了贫困村资金互助社的运行和管理模式，呈现出农户对于加入贫困村资金互助社后社区变化等的直接评价，为了得出益贫性评价新的成果，而使得结论、建议及相应的制度设计更有说服力。

　　第三，在整体框架下对贫困村资金互助社的发展问题进行了初步的探讨，创新地提出将现有的扶贫移民部门主导的贫困村资金互助社与农民专业合作社相整合，将传统的村级资金互助组织转变为新型农村信用合作组织，并初步对贫困村资金互助社的退出机制等问题进行探讨，为推动农村金融市场化改革、创新金融扶贫方式、优化竞争性财政资金分配提供理论上的支持。首先，将传统的贫困村资金互助社转化和发展为新型农村信用合作组织；然后，在原有贫困村资金互助社基础上组建联合社；最后，创新的发展基于生产合作的资金互助。

1.4 技术路线

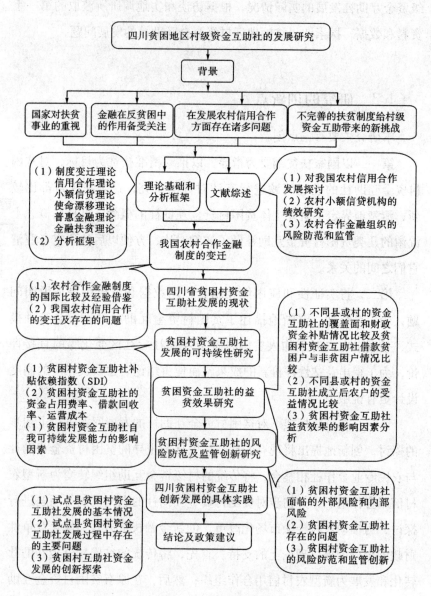

图 1-1 技术路线图

2 概念界定及理论分析

2.1 概念界定

由于国内外在农村信用合作组织、贫困村资金互助社等概念的阐述上存在一定的模糊和差异，故本节将在研究的框架下对农村信用合作组织、贫困村资金互助社、贫困村资金互助社绩效及贫困村资金互助社的风险等概念进行内涵和范围上的界定。

2.1.1 农村信用合作组织

从国内外现有的文献研究来看，关于信用合作组织这一概念并未发现对其准确的定义。本研究将农村信用合作组织的内涵界定为农村信用合作机构（正规性农村信用合作机构，主要指农村信用合作社）以外的团体性的信用互助和合作组织，其合作范围主要在村民之间。农村信用合作组织与农村信用合作机构在本质上存在差别。

2.1.2 贫困村资金互助社

农村资金互助社是我国特有的称谓，是我国农村信用合作的重要组成部分，实行社员民主管理，资金在社员内部拆借，并谋求社员间的共同利益。农村资金互助社产生于农村金融供需严重失衡的背景下，作为一种内生于民间，具有合作性质的新型农村信用合作组织，其有效弥补了商业金融机构在农村信贷供给方面的不足。农村资金互助社的主要客户群是广大入社的农户，并且农村资金互助社属于高风险经营，是服务于"三农"的、带有公益性的金融机构。农村资金互助社根据注册地点的不同，分为两大类，一种是一般意义上的农村资金互助社，另一种是贫困村村级资金互助社（以下简称贫困村资金互助社）。两种资金互助社在形式等方面差别较大（其详细区别见表2-1）。一般意义上的农村资金互助社是指经银行业监督管理机构批准，由乡（镇）或行政村范围内的农民、农村小企业、农民专业合作社社员自愿入股组成的，为农村资金互助社社员提供存贷款业务的合作制社区互助性银行业金融机构。如四川省广元市苍溪县的"益民农村资金互助社"，该社由原中国银行业监督管理委员会批准成立，农民和农村小企业自愿入股组成，具有银行业金融机构性质。四川具有该类性质的农村资金互助社仅此一家。

表2-1 农村资金互助社与贫困村资金互助社的比较

项目	农村资金互助社	贫困村资金互助社
注册地点	在工商行政管理局注册，办理工商登记	民政局注册
政府资金支持	大于等于10万元人民币，有政府补贴	财政支持资金15万元人民币
发起人	有10名以上符合《农村资金互助社管理暂行规定》要求的发起人	村互助社筹备小组
社员	向互助社交纳入社资金的乡（镇）和行政村农民、农村小企业、农民专业合作社社员	以户为单位，每户有一人可以成为互助社的成员
入社方式	缴纳入社资金	缴纳互助金

表2-1(续)

项目	农村资金互助社	贫困村资金互助社
性质	具有银行业监督管理机构颁发的金融许可证、工商行政管理部门颁发的营业执照的区域性互助金融机构或组织	非营利性组织
主要业务	为社员提供资金借贷等服务,更多与农民专业合作社结合发展,有生产、供销、信用结合发展的趋势	以"不吸储"为原则,主要为农村贫困户发展生产提供借款,但金额一般较小
是否分红	不承诺固定分红	一般不分红

　　本书研究的贫困村资金互助社是农村资金互助社的另外一种,由于学术界对其的理解及内涵外延界定的侧重点各不相同,出现了许多如扶贫资金互助组织、贫困村互助资金等不同称谓,并分别对其进行了研究。基于对研究主体的性质和政策规定的基本判断,这些研究对象实际上都是指贫困村资金互助社。贫困村资金互助社是政府将财政扶贫资金与贫困村村民自有资金联结起来的,用以探索增强政府财政扶贫资金杠杆作用的金融扶贫的新模式,这种模式的运行主要是为了弥补传统农村金融覆盖的缺失。在几千年的历史长河中,中国都是传统的农业型社会,自然地理等条件不仅限制了中国农业的发展规模,历来自给自足的小农经济也使得农民的思想备受束缚,缺乏理财意识,而社员之间通过贫困村资金互助社进行资金借贷,不仅为农民树立理财意识提供了机会,从长期来看,更是助力了脱贫攻坚战,促进了贫困村经济的发展和贫困农户收入水平的提高。贫困村资金互助社的资金,即贫困村村级发展互助资金。贫困村村级发展互助资金以村为范围,遵循"四民"原则,主要由财政扶贫资金和村民按意愿缴纳的资金构成,是为成员发展提供金融服务的社区互助合作组织。贫困村资金互助社带有扶贫性质,所以机构本身具有非营利性,这种类型的资金互助社,一般不分红,但也有例外,如仪陇县的贫困村资金互

助社会给社员分红。

2.1.3 贫困村资金互助社的绩效

贫困村资金互助社与其他农村信用合作组织相比，具有以下特点：一是以为社员提供资金帮助为目的，贫困村资金互助社具有非营利的性质，服务对象仅为入社成员；二是将农民的利益联结起来，贫困村资金互助社是基于一定地缘、亲缘关系自愿联合起来的组织，因此可以避免信息不对称问题；三是组织经营模式，资金互助社建立的初衷是为社员提供借款服务以帮助其发展，而非营利，其经营模式具有很强的非商业性。因此，作为特殊性质的农村信用合作组织，对其绩效的考察，不仅需要考虑组织自身经营的绩效，亦需要考虑其支农的绩效。

一般意义上的经济绩效的评价主要是指对经济与资源分配及资源利用有关的效率评价。本书研究的贫困村资金互助社经济绩效，反映了贫困村资金互助社可持续发展的能力，其可持续发展能力直接体现了为"三农"服务的能力，所以对贫困村资金互助社经济绩效的评价主要是对其可持续发展能力的评价。

贫困村资金互助社是政府财政扶贫创新的产物，是在农村信用合作理论和信用原则基础之上构建的新型农村信用合作组织。该组织成立的初衷在于向农民提供生产性借款，帮助农民发展生产，从而实现经济增长过程中贫困村和贫困人口数量的减少，强调穷人受益的绝对目标。由于贫困村资金互助社具有益贫的性质，本书研究的社会绩效主要是指贫困村资金互助社的益贫效果。

2.1.4 贫困村资金互助社风险

目前关于贫困村资金互助社风险的概念主要是从贫困村资金互助

社风险的性质和类型进行界定的。从风险产生的原因上看：周佳丽（2013）和杨连波（2008）认为农村资金互助社的互助性和自发性决定了它的风险主要来自于其在资本聚集能力、发展能力和人员素质方面的不足。从风险的类型上看：周佳丽（2013）指出农村资金互助社面临的风险主要包括信用风险、操作风险、市场风险、政策风险；纪瑞朴（2008）、杨连波（2008）两位学者都认为农村资金互助社面临的风险主要有信用风险、内部控制风险、较高的操作风险。本书从内部和外部两方面界定贫困村资金互助社存在的风险，外部风险包括信用风险、政策性风险、市场风险和自然风险，内部风险包括操作风险、流动性风险、运行风险和违约风险等。

2.2 理论基础及框架构建

2.2.1 理论基础

2.2.1.1 制度变迁理论

制度变迁是制度建立与制度消亡交替变化的动态过程，也是低效率的制度模式被更高效率的制度模式替代的过程。制度变迁必定伴随着制度创新，其根本目的是为了实现更高的效率。制度变迁有多种分类方式。最为普遍的，根据主导制度变迁的主体差异可以分为需求诱致性制度变迁和强制性制度变迁。诱致性制度变迁的方向是自下而上的，指的是对现行制度安排的变更或替代，或者是对新制度安排的创造，它是由个人或一群人在响应获利机会时自发倡导、组织和实行的，改革主体为基层微观主体。强制性制度变迁的方向与前者正好相反，是自上而下的，往往是由国家政策法令实施引起的。林毅夫（1990）认为，在技术条件给定的情况下，交易费用是社会竞争性制度安排选择的核心，用最少的费用提供定量服务的制度安排是最合理

27

的制度安排。从一种现行的制度安排转变为另一种不同的制度安排需要高昂的成本，靠自发的诱致性制度变迁来实现存在着较高的交易费用，会导致提供的新制度的供给少于最佳供给，因此需要政府来采取措施强制弥补制度供给的不足，从而产生了强制性制度变迁。但是由于受到多种外部因素的影响，政府不一定能制定合理的弥补措施，所以两种变迁制度应该并存互补。

制度变迁理论大致经历了三个时期：第一是以 Thorstein B. Veblen（1899）为代表的制度开创时期，Veblen（1899）在分析制度和制度变迁时应用的是一种"累积因果论"，即制度演进的每一步由以往的制度状况所决定，变迁过程中的关键因素是技术，是本身就属于现存制度的系统功能的技术变迁的速度和方向；第二个时期是以 Clark（1899）为代表的对制度变迁理论继承和发展的时期，他们对资本主义社会进行分析，主张赋予管理者所有权和剩余占有权，使其发挥有效的监管作用，提高团队效率，还认为技术是经济进步的推动力，而制度起抑制作用，但是科学技术的进步能削弱制度的影响范围；第三个时期是以 Galbraith（1973）为代表的新制度变迁时期，他们承袭了 Veblen（1899）的基本思想，更多地从制度和结构方面来分析资本主义社会，他们认为由于技术的不断变革，资本主义经济制度和社会结构在不断地演进，资本主义制度是一种因果动态过程，因此要采用演进的方法。Douglass C. North（1981）认为制度理论的三大基石是产权理论、国家理论和意识形态理论，把制度变迁的动力归结于理性人对制度变迁所带来的成本-收益的比较计算，认为制度需求和制度供给的约束条件是制度的边际转换成本等于制度转换的边际收益。

国内也有学者提出了制度变迁理论相关学说。杨瑞龙（1998）提出了"中间扩散型"制度变迁方式的变迁三阶段理论，主张我国的制度变迁方式经历了供给主导型、中间扩散型和需求诱致性制度变迁三个过程，即是用由具有独立利益目标的地方性政府担当沟通权力中心的制度供给意愿与微观主体的制度创新需求的中间环节，来化解"诺斯悖论"[①]，逐步完成向需求诱致性制度变迁的转变。黄少安（1999）提出了制度变迁的主体角色转换说，他认为，制度的设定和变迁不可能发生在单一主体的社会里，社会中不同利益主体都会参与制度变迁，只是他们对其支持程度不同而已，根据支持程度不同，分为主角和配角，角色之间可以进行转换，并且转换方向是可逆的。

本书所研究的贫困村资金互助社是农村信用合作组织，是基于我国农户经营规模小和熟人社会的基本国情发展起来的。按照制度变迁理论，贫困村资金互助社的发展有可能经历怎样的变迁轨迹，又是以何种方式进行变迁的呢？由于贫困村资金互助社在我国发展历史较短，仅有十余年的发展历史，因此难以清晰地观察到其变迁过程并从中得出有价值的结论，而贫困村资金互助社是我国农村信用合作重要的存在形式，对农村信用合作制度变迁过程和变迁方式的梳理，有助于我们更好地理解贫困村资金互助社的发展。

2.2.1.2 信用合作理论

信用合作的发展基于合作经济，是合作经济发展到信用合作领域的产物，是合作经济的重要组成部分，具有与合作经济类似的基本内涵。合作经济是具有合作组织经济特征的社会经济结构中的一种特定经济形式，体现了合作组织内部成员间的一种经济关系。信用合作是合作化运动的组成部分，而合作化运动是社会主义改造的组成部分，成立各种合作组织是使各种社会经济成分在国有经济领导下，分工合作来促进整个社会经济的发展。学者们对信用合作的定义各不相同，但又存在一些共同之处：遵循自愿、互利的合作原则，具有非营利性

---

① "诺斯悖论"是诺斯在1981年提出的，主要内容是，国家具有双重目标，一方面通过向不同势力集团提供不同的产权，获取租金的最大化；另一方面，国家试图降低交易费用以推动社会产出的最大化，从而获取国家税收的增加。而这两个目标经常是冲突的。

质，成立的初衷是为使社员互相受益。信用合作与商业金融、政策金融在经营原则、经营目标、资金来源等方面有着明显的区别。农民在金融市场中的弱势地位使其在金融活动中被边缘化，融资需求难以被商业性金融机构满足，农村信用合作的出现正是为了弥补金融市场的这一缺口。信用合作的特点决定了其相较于商业性金融所具有的优势：一是在商品定价上更具有竞争性；二是由于对业务有更加严格的规定而降低了风险，使其内部风险的可控性更高。同时，信用合作是以农村社区为基础，以信用、保险等金融业务为收入来源，提供个性化、多样化和综合性的服务。信用合作的主要思想可以概括为：只要存在商品生产，都有发展信用的必要性；信用合作是属于农民集股、互助互济的合作经济，实行自主自愿、平等互利、独立核算、自负盈亏的原则；信用合作组织在遵循国家政策和金融制度的前提下，有权力进行独立经济活动；信用合作组织实行民主管理，重大事项由全体社员表决决议。合作信用组织开展信用合作具有成员熟识度高、资金运用灵活、产业衔接度强的特点，能有效缓解社员资金短缺问题，促进农村金融有效供给。

总结国际上一百多年的实践，我们可以发现农村信用合作发展普遍遵循以下五项原则：一是组建目的是建立互助资金，不仅有利于增加社员的物质利益，而且有利于提高社员道德和精神。二是坚持封闭性原则，社员来源于特定的农村地区，主体是农民；坚持入社自愿，退社自由；社员应缴纳股金，并且按其经济能力，自愿确定出资额度，以出资额度承担有限责任；对社员开展金融服务。三是实行民主管理，在实行一人一票的基础上，适当考虑根据出资额度的多少来确定是否增加投票权；社员所借款项必须用于生产方面，以将来生产收入偿还。四是必要时，可以向社员分配盈余。五是可以形成系统联合，但应尊重农村信用合作组织的法人自主权（蓝虹等，2015）。本书所研究的贫困村资金互助社，在四川拥有广泛的群众基础和十余年的试点时间，作为农村信用合作重要的存在形式，是四川贫困地区农户联合组建的以自我服务为根本目的的新型农村信用合作组织。

2.2.1.3　小额信贷及其风险理论

国际上的小额信贷是为有持续还款能力的贫困农户提供的金融服务，其担保方式是采取自然人担保或联保，其根本目的在于提升贫困地区农户的收入水平，从而实现反贫困的政策目标。由于农民在农村金融市场中处于弱势地位，融资需求往往难以得到有效满足，农村金融供需存在缺口。不同于工业企业、基础设施建设等的巨额融资需求，单个从事农业生产经营的农村家庭借款额度较小。小额信贷的存在为填补农村金融供需缺口发挥了积极作用，为收入较低的贫困农户家庭提供融资服务，主要为其提供农业生产经营的借款，帮助其改善生活质量，克服自给自足的小农思想，融入现代市场经济的发展之中。根据不同的分类标准，可以将小额信贷分为不同的类型：依据成立的目的划分，有以项目为基础而组建的小额信贷，有以扶贫为目的而组建的小额信贷；依据成立的主体的不同，分为民间组织组织成立和政府主导成立的小额信贷；依据主管部门的不同，可以划分为受银行直接管理和非银行直接管理的小额信贷。贫困村资金互助社的借款具有小额、短期等特点。一方面，借款金额以社员缴纳的入社金额为基础，按照一定的杠杆比例，通常由各资金互助社在政策规定的杠杆范围内自行决定，由于对入社金额额度限定，借款的最高额度有限，所以借款额度小；另一方面，贫困村资金互助社规定必须还清欠款才能再次借款且有严格的还款时限要求，因而借款期限短。这种为贫困农户提供的借款正是典型的小额信贷。

关于小额信贷的风险问题，有学者认为，小额信贷的风险主要是由信息不对称造成的。在信息不对称的条件下，发生小额信贷行为的双方存在着委托-代理关系，其中代理人一方拥有信息优势，委托人一方拥有信息劣势，这种情况下容易产生两类问题：逆向选择和道德风险。逆向选择则会因为信息不对称而使得拥有信息优势的那一方利用对方未知的信息来获得额外收益，引起市场的不合理分配。由于金融市场上的借款风险是已知的，所以风险高的借款人愿意花更高的交易费用来获得贷款，而风险小的借款人则退出信贷市场，造成信贷配给失效。道德风险则是拥有信息优势的一方独占信息，使对方在交易过程中遭受损失。在金融市场中，借款人在获得贷款后，为了获得更高的利益，将借贷资金挪用于高风险用途，因为风险转移由贷款者而不是借款人承担，但是由于过高的监督成本，处于信息劣势的贷款者并不知道资金的真实用途，因而使自己承担风险，利益受损。道德风险增加了监督成本，降低了市场的运行效率。因此，信息不对称产生的问题严重影响了农村金融市场上大量优质、守信用的借款人的贷款需求的满足。正如在农村金融市场上，资金互助社是处于拥有信息优势的一方，农户则处于信息劣势的一方，为了尽量避免逆向选择和道德风险这类问题的发生，小额信贷由此产生。

农村小额信贷可持续发展，是指小额信贷组织能够持续不断地为农户尤其是中低收入农户群体提供金融产品与服务。广义上的小额信贷可持续一般有两个方面：组织上的可持续与财务上的可持续。组织上的可持续即有一个结构合理、产权明晰的机构来运作农村小额信贷业务，实现技术和管理上的可持续，针对对象群体的需求提供个性化和定制化的金融服务。小额信贷机构的财务可持续是指在不借助外力的情况下实现自我生存与发展的能力，即在不依靠外部补助的前提下，机构自身的所有收益能够负担机构的全部资金成本和非资金成本。

2.2.1.4　使命漂移理论（Mission Drift）

　目前对使命漂移理论的解释主要有两类，一类是微型金融机构的自身目标发生了改变，由此造成了使命漂移。Mosley 和 Hulme（1998）认为，使命漂移是指微型金融机构为了自身的可持续性发展而改变当初设立的减贫目标，贷款会投向偏富裕的人群，因此造成使命漂移现象。另一类则认为是微型金融机构的服务对象发生改变而造成了使命漂移。Woller（1999）指出，微型金融机构的目的是为了帮助穷人，为其提供服务，当穷人无法从中获得帮助时，则证明发生了使命漂移。Hishigsuren（2007）认为，虽然微型金融机构扩大贷款规模后能使更多的客户获得金融服务，但是服务对象会更偏向于富裕的客户，并采用更严格的贷款审核流程，使得高风险的贫困农户无法获得贷款。微型金融机构发生使命漂移的原因主要有以下两个方面：一是经济体制的改革，金融机构性质发生转变，逐步倾向商业化，经营宗旨也发生了改变；二是微型金融机构发生规模扩张，贷款对象不再只是低收入农户，还包括更富裕的人群。使命漂移现象的产生会对扶贫目标造成影响：一是会使公众对微型金融机构产生负面评价；二是微型金融机构的资金部分来源于捐助，捐助是为了消除贫困，若是发生了使命漂移现象，捐助者在一定程度上会减少资金的赞助；三是目前较多微型金融机构具有了商业性质，贷款对象群体不再只针对低收入农户，影响了减贫工作的开展。微型金融机构是否发生使命漂移主要体现在覆盖力上。Mersland（2009）认为微型金融机构的社会扶贫功能最终体现在其覆盖力上，当覆盖力降低时则证明发生了使命漂移。覆盖力主要通过覆盖深度、覆盖广度、覆盖质量和覆盖范围四项指标来衡量。

2.2.1.5　普惠金融理论

普惠金融在国外也叫包容性金融（Inclusive Finance）。2013 年，在中国共产党第十八届三中全会上通过的《中共中央关于全面深化改革若干重大问题的决定》，正式提出"发展普惠金融，鼓励金融创新，丰富金融市场层次和产品"。普惠金融是微型金融和小额信贷的延伸与发展，不仅包含了小额信贷的贷款，还有额外的增值金融服务，并且不仅包含了微型金融机构，还包含了大型商业银行等正规金融机构。其中微型金融是指针对低收入家庭所提供的储蓄、保险、贷款及金钱支付等相关金融服务，其核心要素是微型信贷，即贷款者提供无抵押贷款给无收入来源的借款者，其主要特点是：一是核心在于扶贫，对象群体是贫困、低收入人群，主要任务就是消除贫困，辅助推动农村经济增长；二是单笔业务交易额小，服务模式便捷；三是组织形式多样化，并且在逐步向商业性金融靠拢。

普惠金融主张将所有群体特别是被金融排斥的人群纳入金融体系中。扶贫是普惠金融的一个重要目标，贫困人群是普惠金融发展的重要对象。普惠金融体系具有以下四个特征。

第一，政策性。由于信息不对称和交易成本过高，金融服务市场可能出现失灵，而由失灵导致的直接后果之一便是妨碍金融服务向某些特定人群延伸。这时，政府就需要采取金融监管、制定竞争政策等手段矫正市场失灵。特定人群主要是指被金融排斥的"边缘人群"，处于低收入阶层的农村贫困人口正是这样一群被农村金融排斥的边缘人群。贫困村资金互助社的设立和发展得益于普惠金融理论的不断发展和延伸。非营利性的互助合作组织在成立之初便较商业性金融机构先天不足，需要政府的扶持才能存续下去，才能为贫困农户提供金融服务。

第二，多元性。由于经营目的不同，不同性质的金融机构服务的对象也有所倾向。在我国，农村信用社是为"三农"发展提供金融服务的农村金融组织，是农村金融市场最主要的参与者，但随着社会大环境和机构自身的变化和发展，其逐利特征越发明显，性质逐渐异化。贫困村资金互助社的成立，为贫困农户借款提供了便利，相对于农村信用社繁杂琐碎的借款程序和相对较高的借款条件限制，互助社渐渐成为农户借款的最佳选择，农村金融市场更加多元化。更加完善的金融体系，能够使更多的人群享受到金融服务，体现了普惠金融的主张。

第三，公平性。金融机构倾向于国有企业、大型企业和高净值人群等"高端客户"，对弱势群体天然排斥。普惠金融强调各类群体都能得到合适的金融服务，特别是将被金融排斥的人群纳入金融体系中。普惠金融体系原则上是一种和谐金融的表现，其理念是为了满足所有人都能平等地享受金融服务的愿望，即获得公平的信贷机会和融资渠道使用权。要让所有人都获得金融服务的机会，就必须进行金融体系创新，包括制度创新、产品创新和机构创新。贫困村资金互助社作为对正规金融的补充，缓解了金融市场的结构失衡，为提升贫困农户的生产生活能力、金融能力创造可能，在一定程度上体现了金融服务的公平性。

第四，丰富性。主要包括两个层面的丰富性：一是服务内容的丰富性，服务内容不仅包含金融信贷领域，也包含保险、投资、证券等多方面的金融服务；二是发展战略的丰富性，在发展战略的选择上，既可以在完成使命后选择退出，也可以选择转型继续发展。

与普惠金融相对应，金融排斥从反面揭示了普惠金融的起源。为了克服金融排斥，焦瑾璞（2006）在亚太地区小额信贷论坛上正式提出了普惠金融体系的概念，并提出了发展普惠金融的基本框架，强调了其重要性。他认为在金融机构成本可负担的前提下，不断地改革和创新，可以为被金融排斥的对象提供相应的金融服务。2005 年以来，农户的信贷需求逐渐旺盛，新型农村信用合作组织的不断发展使得农民信贷需求的可得性和可及性得到了较大的提升，并且正规金融和非正规金融体系在满足农民信贷需求方面具有明显的互补性而不是替代性。这要求农村金融改革需持续进行，建设普惠金融体系，为满足和扩大农户的信贷需求提供内在动力。杜晓山（2006）提出了普惠金融体系的构建框架，其对象群体特别强调要纳入穷人和低收入群体。韩俊（2009）则认为当前农村的普惠金融体系建设还不够完善，应该建立一个真正为"三农"服务的普惠性金融体系，全面推动金融改革。

2.2.1.6　金融扶贫理论

发展经济学的代表人物 Gunnar Myrdal 于 1957 年提出了"循环积累因果关系"理论。该理论指出由于经济、政治、社会和文化等因素相互影响，形成了"累积性循环"，该循环发生在发展中国家，由于收入水平低导致生活贫困从而造成贫困的循环。因此，为了改善中国农民在经济收入方面的问题，推出了金融扶贫政策。金融扶贫通过向贫困地区提供生产性金融产品，积极利用金融的杠杆作用，从而提高贫困农户生产生活能力和金融意识，促进贫困地区经济发展，是一种造血式的扶贫模式，并在探索中不断向前发展。金融扶贫理论是在农业信贷补贴论和农村金融系统论的基础上发展起来的。其中，农业信贷补贴论认为由于农村的贫困户很少或基本没有储蓄，因此在生产活动中存在资金短缺的问题，贫困群体需要金融机构的信贷补贴。另外，农业具有自然风险高、收益低且种植周期长的特点，通常很难从金融机构获得贷款，因此，政府应该采取干预手段，给贫困户投入扶贫资金。而农村金融系统论则认为市场具有重要的作用，且低息贷款的措施并不一定能发挥其真实作用，那些需要贷款的贫困群体反而无法获得贷款，而是被一些关系户或者富农获得了贷款；另外，政府的低息补贴未能落到实处，反而拉大了贫富差距，专款专项政策没有具体落实到专项人群，违背了政策的本意，阻碍了扶贫工作的开展。

金融扶贫具有以下特征：一是金融扶贫具有庞大的网络体系，网络依托于乡镇各级农村金融机构，既包括农村信用社等传统农村金融机构，也包含小额信贷、贫困村资金互助社等新兴机构。二是金融扶贫强调被扶贫对象的参与性和主观能动性，就贫困村资金互助社而言，被扶贫对象需要参与选举决定理事会和监事会成员，自行决定入社事项和借款事项，如是否入社或借款、缴纳入社金额和借款额度，积极投入生产项目的经营发展中等。三是金融扶贫遵循基本市场原则，体现在利率的确定上，如贫困村资金互助社由于借款项目单一，风险低于其他农村正规金融机构，收益相对更低，恰好体现了风险和收益相对应的市场原则。四是金融扶贫采用的是造血式的资本循环运作体系，各金融服务机构按照市场化的要求，把扶贫资金投向贫困地区，然后通过良好的自我循环机制，使资本得以运转且获利，机构则可以继续向贫困地区提供资金帮助。综上所述，本书研究的贫困村资金互助社是金融扶贫的一种形式。

2.2.2　分析框架

本研究认为，贫困村资金互助社可持续发展的基础在于农户对于资金的需求，而这一需求来源于：一是农民的生产性资金需求，二是农民的生活性资金需求。在这两种需求中，生活性资金需求仅仅是一种暂时性的资金需求，而生产性资金需求由于农业生产的特殊性，以及农户生存的必要性，具有持续的长期稳定特征。因而，我们可以认为，农民的生产性资金需求是贫困村资金互助社健康发展的基本保障，而生产合作又能够很好地提升农业劳动生产率，产生规模的经济效应。

2.2.2.1　农业生产性合作的特点

我国以前是传统的农业社会，农业在我国发展有几千年的历史，也是古代经济发展的基础。由于家庭作坊式的生产模式和土地的重要性，我国是典型的自给自足的小农经济。农业生产技术落后、科技化水平低、土地分布细碎零散、机械化水平不高、规模化程度低、农业经营水平不高、受自然灾害影响大等是我国农业生产的特点。近年来，由于城乡经济二元化发展，不少农村青壮年劳动力选择进城务工，仍然居住在农村的主要是妇女、儿童及老人，也就是俗称的"三八六一九九"部队，劳动能力较弱。在国家大力提倡农业规模化生产经营的形势下，进行农业生产性合作可以促进生产技术的交流合作、土地集中经营、规模化生产、提高经营水平和抵御自然风险的能力，对进一步促进农业现代化和农村经济发展，十分必要和有意义。

农业生产性合作有以下几个典型特点。

第一，信任是合作的前提。许多学者对农业生产性合作的动机进行了研究，认为促使农业生产性合作的原因是多种多样的，总的来说，学者们都比较认可提高农业生产的规模化程度和改善市场交易环境是农业生产性合作的主要动机。李坤和傅新红（2004）转变研究角度，发现农业生产性合作发生的根本原因和最终动力是信任，信任与生产性合作是相辅相成的双向关系，因信任而合作，又因合作增进信任。开展生产性合作的农户一般具有三个特点：一是在地缘上相近，这些农户一般居住在同村或者临近村，大家对彼此的家庭情况、经济情况和生产情况都很了解；二是有自己的职业专长，可以联结为分工协作的利益共同体，比如种植专业户、运输专业户和销售专业户就可以开展生产性合作，生产、运输和销售联结在一起，相对于利益共同体外的潜在合作者，可以减少信息不对称，降低不确定性带来的风险；三是生产具有同质性，农户对彼此的生产领域熟悉，在技术上有共同的交流，增进信任。

第二，关联组织承载多样化的合作内容。农业生产性合作的内容是丰富多样的，种苗、化肥饲料、农药、农机具采购，种养殖，运输，销售等各个环节形成了农业产业链，而合作的内容正是基于各个产业环节。合作需要一个关联组织将两个及以上的利益个体联结起来，并将不同利益个体的生产要素集聚起来，依据市场原则，合理分配给产业链的各个环节，以达到资源的最优化使用。比如农业专业合作社是目前在农村普遍存在的农业专业性合作的关联组织，它为社员提供丰富多样的服务，包括生产资料的购买，生产技术的指导，农产品的运输和销售服务等。

第三，自愿是合作的基本原则。农业生产性合作的自愿原则包含以下两个方面的内容：一是在参与生产合作上遵循自愿原则，任何个体可以自由选择参加或不参加生产性合作，参加后也可以自愿选择退出；二是在生产经营上遵循自愿原则，农户可以自由选择生产经营的规模和方式。

2.2.2.2　贫困村资金互助社的产生

基于以上阐述的农业生产性合作的特点，在生产的各个环节均会产生资金消耗，而其中最主要的资金消耗产生于以下几个环节：一是生产前的原料采购环节，如购置种苗、化肥饲料、农药、农机具等农业生产资料；二是农产品收获后，专业合作社往往需要先垫付资金将农产品收购过来，由于收购数量大，垫付金额巨大，而这部分资金需要在产品销售后才能回笼，如果碰到市场波动行情不好的情况，资金回笼时间拖长；三是开展其他服务活动时产生的费用，如需要聘请专家进行技术指导，等等。

事实上，在农业生产性合作中居于主体地位的农户，面临着现实中的融资难问题。金融行业天然具有逐利性，乐于为国有企业、大型企业和高净值人群等提供金融服务，排斥处于低收入阶层的弱势群体。农户正是被金融机构边缘化的群体，他们的融资需求难以得到满足。农村信用合作社这样的正规金融机构，性质已经异化，信用合作性质消失殆尽。而且，农户想要通过农村信用社获得贷款，必须满足严格的贷款条件，经历繁杂的贷款流程。在现实生活中，农户往往由于缺乏有效的抵押物而无法获得贷款。民间借贷高额的利息费用使很多农户望而却步。亲友之间的借贷额度有限且有较高的人情费用。农户的资金需求主要发生在开始农业生产前，这时候需要大量资金购买生产资料，但是种种现实原因致使他们缺少生产资金，专业合作社社长为社员垫付资金的情况较为普遍，这种方式就长期而言是不可持续的。

从上述农业生产性合作的特点可以看出，信任是合作的前提，农业生产性合作发生的根本原因和最终动力是信任。专业合作社的社员在地缘上相近，了解相互之间的家庭情况和经济情况，其中一些社员有亲缘、血缘关系，彼此更加熟悉；再加上大家都在同一个专业合作社中，平时一起参加技术培训，交流彼此的生产情况和生产经验，了解对方的生产情况。正是基于地缘、亲缘、业缘，农户之间才能够相互信任，形成紧密的生产合作关系。社员之间彼此熟悉，降低了信息不对称造成的风险，减少审贷成本。此外，农户参加专业合作社后，培养了合作意识，从生产性合作中收获了成果，具有较高的合作意愿。

综上所述，农业生产性合作中存在着信用合作的需求，也有开展信用合作的条件和优势。以专业合作社为代表的农业生产性合作中的以商品为媒介的信用合作，存在高额赊销的情况，合作各方承担的不同风险，不利于合作关系的长期稳定，是农业生产性合作中信用合作发展初级阶段的产物。以货币为媒介的信用合作，因为明确的借贷流程和成熟的业务模式，避免了大额垫资的情况出现，成为农业生产性合作中比商业信用合作能更好地解决资金需求问题的模式，贫困村资金互助社由此产生，如图2-1所示。

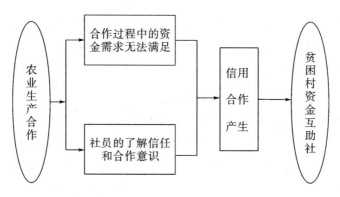

图 2-1　贫困村资金互助社的产生

2.2.2.3　贫困村资金互助社的发展

贫困村资金互助社自然成为资金和农业生产的媒介。贫困村资金互助社为农业生产提供更加方便和成本更低的资金，为农业生产活动融资提供更多元的选择，推动农业生产发展，同时，借款归还有产业作为保障，降低了违约风险。此外，产业的发展使农民收入水平提高，有能力缴纳更多的互助金，生产性借款额度提高，进一步促进产业发展。正是这种基于农业生产性合作的良性发展，通过资金需求将专业合作社和贫困村资金互助社联结起来，形成利益共同体。

就单个社员农户而言，购买生产资料所需资金在整个农业生产过程中占比较大，通常在这个时间节点和生产环节有融资需求。社员按照贫困村资金互助社的借款流程，向互助社提交借款申请，等待借款审批通过即可。社员还款能力由生产经营保障，专业合作社为社员提供生产资料采购服务，了解其生产情况。因此，借款审批效率高，一般在 2~3 个工作日就可完成审批，有的贫困村资金互助社甚至在递交申请当天就能完成审批。贫困村资金互助社并不直接将资金转给通过审批的社员账户，而是将资金直接由互助社账户转给销售农资的公司账户，简化了资金的流转程序和管理成本。此外，农资发放替代借款资金的发放，贫困村资金互助社直接将购买的农资分发给社员。专业

41

合作社相比单个农户，一方面对农资质量的辨识更专业，也有更强的议价能力，降低了社员的生产成本；另一方面为社员生产提供技术指导，对产品有严格的质量要求，促使社员生产出更具市场竞争力的产品，从而保障还款能力，降低风险。

为了使供销社能够更好履行为农服务的职责，增强服务"三农"的综合实力，供销社综合改革与贫困村资金互助社的发展紧密结合，并且和农民专业合作社共同构成生产合作、供销合作、信用合作三位一体的新型合作经济组织体系，与农民结成经济利益共同体，有利于促进农村经济的发展，农民收入和生活水平的提高。如图 2-2 所示，各级党委、政府组织领导农民合作经济组织体系形成并为其发展提供服务；各级扶贫、财政部门及乡（镇）政府对其是否规范发展、是否偏离为农民服务的目标实施监管；农业保险公司提供农业保险服务，减轻甚至避免自然、市场等风险给农民造成的损失；金融教育体系向农民普及农村基础金融知识，培养具有专业知识技能的从业人员；正规金融机构扩大农民合作经济组织体系的资金来源，壮大其资金实力，为其进一步发展和更好地为"三农"服务奠定基础。

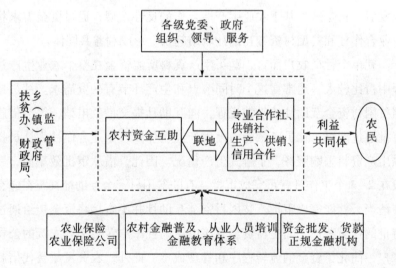

图 2-2　农民合作经济组织体系框架

3 我国农村信用合作制度的变迁

贫困村资金互助社是农村信用合作制度发展过程中某个阶段的具体产物。以更宏观的视角研究农村信用合作制度，有利于贫困村资金互助社更好地发展。国外一些国家，如德国、美国、日本的农村信用合作历史悠久，农村信用合作组织发展得相对成熟，对其农村信用合作发展历程进行梳理，有助于加深对农村信用合作发展的理解，从而提供一些借鉴。"以史为鉴，可以知兴替"，我国农村信用合作的发展过程坎坷，路程曲折，也出现过非常多的问题，有些问题虽然得到了解决，但有的痼疾仍然存在，或者又出现了一些新的问题。那么，对我国农村信用合作的发展历程的梳理，以及对制度变迁过程的归纳，可以让我们更加清晰地了解其发展过程，以及在这一过程中的种种问题与不足。因此本章主要梳理和归纳了德国、美国、日本及我国农村信用合作的发展历程和制度的变迁。

3.1 农村信用合作制度的国际比较及经验借鉴

从国际信用合作发展的历程来看。19世纪中后期，德国、日本等国就出现了农协等以信用合作为主的农村信用合作组织（张庆忠，

1993；聂峰，2008），农村信用合作组织主要有小额信贷机构、社区基金和互助储金会等几种形式。小额信贷产生于 20 世纪 70 年代，以低收入人群为瞄准目标，以扶贫为根本宗旨。产品、技术及组织形式等方面的创新，有效解决了信息不对称带来的逆选择、道德风险和契约风险问题（Stiglitz，1990；Besley，1995）。有国家试图通过国有银行向农民提供补贴借款（Adams，1984），让正规金融介入被认为零散且无利可图的非正规农村金融市场（Hoff，et al.，1993；Dichter，2007），最终以失败告终。社区基金产生于 20 世纪 80 年代的拉丁美洲，并逐渐被引入非洲、东欧和东南亚（Tendler，2000），社区基金通过地方参与、地方所有权构建，具有很强的可持续发展能力（World Bank，2002）。互助储金会（ROSCA）通常由家庭成员、邻居及朋友组成，从而大大缓解了信息不对称带来的风险（Ven den Brink &Chavas，1997），并且在全世界普遍存在（Bouman，1995）。互助储金会对不按时还款的成员实行严厉的惩罚（Biggs，1991）并直接促进了格莱珉银行等小额信贷机构的产生和发展。

从国际总体的经验来看，农村信用合作组织的发展大都经历了自下而上的制度变迁，当然，个别成功经验也来自于自上而下的强制性制度演进。从制度变迁理论的基本原理来看，农村信用合作制度的变迁有自己的依赖路径、过程和变迁方式，基本经济制度和发展水平的差异决定了不同国家的变迁过程和方式各不相同。德国、美国、日本的农村信用合作组织在世界范围内来说，起步较早，目前已经发展得相当成熟，而四川的贫困村资金互助社自 2006 年开始试点以来，目前运行上相对规范，但今后又该怎样发展，它的发展有可能经历怎样的路径依赖，又会以怎样的方式进行组织构架和制度的调整呢？德国、美国、日本这些农村信用合作历史悠久的国家，在发展过程中所积累下来的经验，是值得贫困村资金互助社借鉴的。

3.1.1 主要国家的农村信用合作制度演进

3.1.1.1 德国农村信用合作的制度演进

德国是合作制的发源地，是世界上最早建立农村信用合作制度的国家（张亦春，2011），农村地区开展的信用合作是其合作制的重要表现形式。1864 年，雷发巽创建了世界上第一个农村信用合作社，专门向农民提供借款，以便于他们购买牲畜、农具、种子等生产资料用以发展生产，从而摆脱高利贷的剥削及农业灾荒的困境。1872 年，德国第一家农村信用合作联合社诞生，即莱茵农村合作银行；1876 年，德国莱夫艾森合作社总联合会成立，距今已有 140 余年历史，它是信用社的中央机构。尤为重要的是，信用合作组织与其社员之间的业务所产生的盈利无须缴纳所得税。19 世纪 70 年代初，德国合作金融业务发展得如火如荼，行业中急需成立一个协调发展的策略组织，大众银行和莱夫艾森联邦协会由此成立。联邦协会发展了多家会员机构，会员机构除了享有协会对自身发展的支持，还可以享受经济等多方面的咨询服务。1974 年信用合作社拓宽了业务对象的范围，从成立之初借款对象严格限定为信用合作社社员，到放松该规定，借款对象也可以是非社员，两年后，调整合作社所得税税率，税率首度超过 40%。所有合作组织均有缴纳所得税的义务，但社员的借款业务可享受所得税上的政策优惠，1981 年起，取消了信用合作社所有业务限制，所得税税率提高到 56%。信用合作社经过一百多年的发展，形成了一套完整的合作银行体系（杨勇，2011）。

研究认为，德国农村信用合作之所以能够保持强大生命力的原因，一是对于合作原则的坚持，二是健全的法律法规和管理手段，三是建立了完善的信用合作体系（夏霖霖，2009）。

3.1.1.2 美国农村信用合作的制度演进

美国的农村信用合作体系建设相比德国来说起步较晚，但政府部门出于对农村金融发展的高度重视，制定了一系列适合发展的政策措施，使国内农村信用合作发展的政策环境不断优化；同时，其信用合作体系本身的发展受到国内经济高速增长所带来的影响，使得美国的农村信用合作体系发展迅速。1908年，美国开始研究解决农业贷款难问题，并提出了关于建立农场合作信贷体系的建议，该建议于1912年获得通过（杨松，姜庆丹，2011）。1916年起，美国政府逐步制定了一系列关于农业借款的相关政策和法律法规，并在其主导下成立信贷机构，以支持农民购买土地。《联邦农场信贷法案》便是在这样的背景下颁布的，该法案明确规定建立联邦土地银行，解决农业本身的弱质性所导致的相对于其他产业发展更需要获得政府支持的问题。联邦土地银行系统最初在政府的资助下设立，通过政府拨款建立农业信贷系统，用以发展农场主私有经济为基础的农村信用合作。到20世纪二三十年代，美国的农村信用合作由于得到联邦政府的帮助和支持，因而逐步地形成了相对完备的农村金融服务系统（卢文祥，2011）。1923年，根据《农业信贷法》，政府出资成立了12家联邦土地银行和土地银行协会（李超民，2006）。以加强对农场信贷体系的管理为目标，美国政府于1933年成立了农场信贷署。农场信贷署成立后的第二年通过了《联邦信用社法》，以法律的形式对信用社管理机构的职能和构架做出了明确规定，更为重要的是，该法案的实施以法律的形式明确了农村信用合作机构所能够享受的优惠政策。1935年，美国信合保险集团的成立，为农村信用合作社及其会员提供的服务拓展到了合作保险领域。1937年，《联邦信用社法》规定信用社享受免收联邦收入所得税的待遇。此时，距农场合作信贷体系的建立已经过去了25年的时间。到1968年，政府资本完成了自己的使命，从此退出农场信贷系统，农场信贷体系的产权实现了完全由农户所有，这为日后美国农村信用合作组织的蓬勃发展奠定了基础。1971 年联邦政府颁布《1971 农场信贷法案》，该法案对信用合作组织的构成，以及服务对象等做出了相关规定，该法案也成为先行农场信贷法案的蓝本。1986 年修订的《联邦信用社法案》重新明确了信用社税收的相关规定。1987 年《农业信贷法》针对社员退款做出了相关条例的增补，以保证社员股份的财产安全。在这一阶段，农场信贷机构的合并重组的趋势愈发明显，风险防范成为立法重点关注的内容。2002 年，美国再次修订了 1971 年《农场信贷法》。

经过不断的改革和探索，美国已经形成了比较完善且分工清晰的农村合作金融服务和监管体系（鞠荣华，何广文，2012）。美国早期的农村信用合作发展带有明显的政府干预色彩和强制性制度演进的规律。

3.1.1.3 日本农村信用合作的制度演进

1900 年，日本政府颁布了《产业组合法》，该项法律是日本关于农村信用合作最早的立法，其充分考虑了日本国内农业与农村经济发展的特点，以期帮助中小生产者通过互助合作提高生产能力。此后的十多年时间里，该法陆续进行了三次修订，修订的主要内容始终围绕着信用合作社业务展开的主要范围。1906 年第一次修订后，该法扩大了农村信用合作社的业务范围。该法的第三次修订明确提出，存款业务从只针对社员扩大到也可以包含非社员成员且可以面向以家庭为单位的社员。此后，信用社存款渐渐富余，并且在 20 世纪 20 年代末的五年时间里，信用社存款的增长超过了借款。但日本同样存在农村信用合作组织体系在地区间发展极不平衡、部分地区面临严重的资金不足的问题，为了解决资金不足的问题及区域发展不平衡的问题，1923 年中央金库创立，一方面，中央金库可以将地区的农村资金收集起来，以便需要时实现富余地方资金向贫瘠地方资金的调配，加强地区之间的协作；另一方面，有助于促进日本国内农村经济的整体发展。1924年，《产业组合中央金库法》开始实施。该法首次以法律的形式对日本农村信用合作组织的体系构成做出了规定，确立了单协、县联、中金的信贷事业3级系统。农村信用合作组织设立的根本目的是为了解决农民生产性资金不足的问题，而对于农民来说，与其生产联系最为密切的重要资产或生产的载体是土地。1947年开始，日本国内开始进行"农地改革"，政府强制收购地主土地，然后以非常低廉的价格卖给农民，至此，日本历史上长期代表封建生产关系的土地制度被废除。农村土地改革使得广大农民获得土地，极高地提高了生产积极性，扩大农业生产，生产效率也不断提高，农民收入得到增加。在农村经济向前发展的同时，农村信用合作在这一时期也进入了飞速发展的阶段。日本国内因长期积累的历史原因造成了农业生产上的分散性。1947年，《农业协同组合法》颁布，该法律打破了封建农业生产的分散性，将农民联合起来进行农业生产，从而提高了生产效率，在此过程中，农业协同组织起到了极为关键的作用。农业协同组织除了组织农业生产外，同时帮助农民解决生产资金问题，并且代理国家对农业项目发放补助（吴志新、尹留芳，2008）。1959年，农林中央金库偿还政府出资资金，成为民办机构。而农村信用合作制度和组织的不断改革完善，为农民发展农业生产提供了资金支持，进一步促进了农民收入的增加和农村经济的发展。农民将从事农业生产经营所得的收益的富余资金存入信用合作组织以获取利息收入。1961年颁布的《农业基本法》规定了农业和农政的方向，但并未对具体事项和措施做出规定。同时，信用担保制度开始实施，该制度主要为农民的生产性贷款提供担保，确保贷款的顺利开展。20世纪60年代，和美国国内农村合作经济发展的趋势相似，农村信用合作的服务对象范围和业务重点发生了较大变化，这些变化集中体现在两个方面：一是在服务对象范围上，服务对象由农协系统内部成员转向农协系统包括农协系统外其他部门；同时，业务重点从成立之初的向农民提供借款为主，发展到现在吸收储蓄存款也是其重要的业务内容。

日本农村信用合作的成功有四个方面的因素：一是政府对发展农村信用合作不遗余力的支持，二是农村信用合作业务的多样性，三是日本战后逐步发展起来的发达的金融市场，四是日本具有严密的组织结构和完善的农业金融法律法规体系（鲍静海，2006）。1975 年，日本农民人均收入首次超过城市居民的收入，并且维持至今。1992 年，日本修订了《农业协同组合法》，为农协引入现代化的企业管理制度，即董事会制度。1996 年，日本颁布《农林中金与农村金融全会合并》。1997 年，《关于农林中央金库与信用农业生产合作社联社合并的法律》开始实施，促进实行跨区合并，减少组织层次，实现组织形态重组。2002 年，日本对《农林中央金库法》进行了再次修订。日本农村信用合作组织的发展，与美国的自上而下的强制性制度演进有着高度的相似性。

3.1.2 主要国家农村信用合作体系的发展模式和特征

3.1.2.1 德国农村信用合作的发展模式与特征

德国的农村信用合作的模式被称为是金字塔模式：分上、中、下三层，从上至下分别为德意志中央合作银行、地区性合作银行、信用合作社（如图 3-1 所示）。各个层级相互独立，上下级之间不是传统的隶属关系，上级机构不对下级机构行使行政管理职能，只对下级机构提供业务上的服务。德国的农村信用合作管理体系的主要特点可以归纳为：一是自下而上逐级入股、自上而下提供服务的合作银行体系，政府主要起到服务的作用而不具有管理职能，干预程度较小；二是相互融合的行业自律体系；三是依托行业审计和中央银行的监管体制。简而言之，即在合作制原则下，组织机制健全，分层清晰，团结独立，富有效率。

49

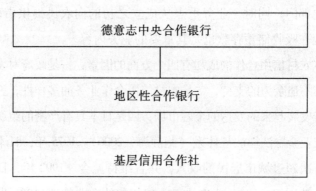

图 3-1　德国农村信用合作模式图

3.1.2.2　美国农村信用合作的发展模式与特征

　　与德国自下而上的诱致性制度变迁截然相反，美国农村信用合作的发展带有明显的自上而下的强制性色彩。如图 3-2 所示，美国的农村信用合作体系由政府农业信贷机构、商业金融机构、农场主信用合作的农业信贷系统这几个部分组成（鞠荣华、何广文，2012）。农村信用合作组织被称为多元复合模式。依据主营业务的不同，可以分为联邦土地银行、联邦土地银行协会、合作社银行等。联邦土地银行主要负责发放贷款给农场主，而联邦土地银行协会是前者的股东，在经营上相互独立。20 世纪 30 年代的大危机之后，美国农村信用合作体制基本建立，以政府为主导、多机构为支撑的农村信用合作体系基本形成。

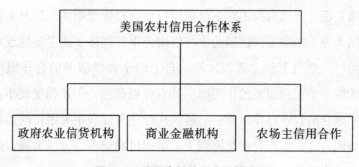

　　　　　图 3-2　美国农村信用合作模式图

3.1.2.3   日本农村信用合作的发展模式与特征

二战后的日本，一方面，经济结构畸形；另一方面，资金不足和金融力量薄弱。日本政府为了巩固土地改革成果，解决农民资金需求问题，在不断的探索过程中逐步建立起政府主导下的农村信用合作体制，采取封闭模式，按行业办理金融业务，实行专一化管理。日本的农村信用合作组织不是一个独立的系统，而是依附于"农业协同组合"的一个子系统，具有独立融资功能（杜朝运、张洁研，2009）。

日本农村信用合作组织在摸索中前进，在解决问题中积累经验，历经了多次改革，立足日本国情的同时，学习欧洲发达国家的相关经验，经过多年发展，形成较为成熟和完善的具有日本特色的农村信用合作模式。日本的农协系统的金融机构组织层次分明，组织机构健全，在农协系统之下具体分为三个层级：最下层为基层农协，中间层为基层农协的联合社即县级信用农协联合会，最上层为农林中央金库。各个层次之间有不同的机构职能却又在经济上相互独立。基层农协和县信用农协联合会组织结构分别如图3-3和图3-4所示。

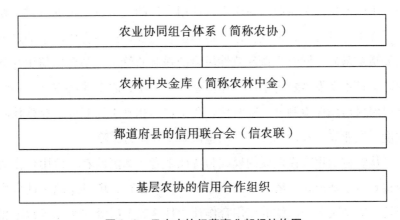

图3-3   日本农协经营事业部门结构图

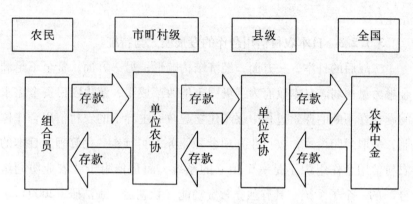

图 3-4 日本都、道、府、县级的信联组织体系图

3.1.3 主要国家农村信用合作制度比较

从制度变迁的路径依赖来看，德国的信用合作制度发展具有明显的自下而上的内生特征，属于典型的诱致性制度变迁，国家对于信用合作组织的干预极少。其外部监管和审计只有依赖于德意志中央合作银行和行业协会。与之相反，美国和日本的农村信用合作体系具有自上而下的强制性制度变迁特征，政府干预色彩明显，但两者存在制度设计上的差别。美国政府对于农村信用合作的支持或干预的方式主要表现在资金等方面，但其会适时地退出，为农村信用合作后来的迅速发展奠定基础，同时强调经营性风险的强制监管、强制合作信用存款保险。日本在发展农村信用合作体系的过程中，除上述特点外，还强调以农村信用保险制度、临时性资金调剂的相互援助制度、存款保险制度、农业灾害补偿制度、贷款担保制度等作为保障。

从农村信用合作发展的模式和特征来看，德国的农村信用合作的模式是金字塔模式，塔尖是德意志中央合作银行，塔身是地区性合作银行，塔基是分布广泛的信用合作社，且这三个层级在实际运营中相互独立，上下层级之间并不是行政管理关系，上一层级负责为下一层级提供服务。美国的农村信用合作组织的模式是多元复合模式，有办理不同业务的农村金融机构。美国农村信用合作体制的特征是以政府为主导，多机构为支撑。日本的农村信用合作模式独具特色，农村信用合作体系内的组织都是独立的经营实体，有各自的职能分工和业务重点，有业务上的往来但没有行政管理的关系，也就是说，其三级组织之间无隶属关系，整个体系内是独立的资金运行系统。

3.1.4　主要国家农村信用合作的经验借鉴

3.1.4.1　税收和业务范围的调整

无论是自下而上诱致性制度变迁的德国，还是自上而下强制性制度变迁的美国，都在税收方面对农村信用社做了规定，德国和美国虽然在税收政策的变迁方向上完全不同，但都实现了政策实施的初衷，促进了农村经济的发展。德国在农村信用合作社发展的初期即 19 世纪 70 年代，为鼓励农村信用合作社向社员贷款，不仅在业务上对其进行限制，还规定合作组织与其社员之间的业务所产生的盈利不交纳所得税。该规定促进了合作组织向社员的贷款，推动了农村经济的发展。1974 年，德国农业人均 GDP 达到 756 美元（数据来源于世界银行官方网站，该部分如果未作特殊说明，数据来源相同），贷款对象仅限于社员的限制被取消。该政策实施到 1976 年，短短三年时间，德国农村经济得到了快速发展，农业人均 GDP 达到 1 374 美元，政府将所得税税率提高到 41%，但以普通税率三分之一的所得税税率鼓励农村信用合作社贷款给社员。到 1981 年，德国人均 GDP 达到 2 067 美元，政府取消了信用合作社所有业务限制，并将所得税税率统一提高到 56%。截至 1984 年，德国农业人均 GDP 已达到 3 272 美元，是 1974 年的 4.3 倍。由此可以看出，德国在这期间实施的一系列税率和业务范围的政策变迁，结合了自身经济发展水平，是富有成效的。与德国逐步提高税率的政策变迁不同，美国逐渐扩大了税收优惠的范围。体现在 1937 年到 1986 年,《联邦信用社法案》对信用社税收优惠的范围扩大、力度提升。该法案修订后到 2011 年,美国农业人均 GDP 逐年上涨,在农业人均 GDP 本身较高的情况下,还能实现 1.5 倍的增长。德国和美国的经验表明:国家可以通过对农村信用合作政策在税收方面的调整,寻求农村经济发展的出路,高税收并非与低速的发展和效率的下降相对应,但税收水平和政策的制定,必须依据本国的实际情况进行。

业务范围方面,德国农村信用社的业务范围在发展中不断拓宽,日本采取了相同的做法。日本的农村信用社最初只能向成员开展存款业务,1917 年修订《产业组合法》之后,信用社可以开展面向非成员的存款业务和面向家庭的存款业务,这项规定的出现对当时日本农村经济的发展是有益的。因此,国家可以通过农村信用合作政策在业务范围规定上的调整,在能够满足社员贷款且有富余的情况下,适当将业务对象扩宽,促进农村经济的发展。

3.1.4.2 政府干预及适时的退出机制

与西方其他经济学家一样,斯蒂格利茨曾指出政府干预可以有效地弥补市场的不足。由于农村信用合作带有明显的准公共物品性质,在农村信用合作体系发展的过程中,政府干预显得尤为重要。即便在德国自发性信用合作制度演进的情况下,政府所提供的服务和引导也发挥了极为重要的作用。政府干预的程度问题一直是学术界讨论的重要问题。美国和日本一样,农村信用合作组织成立之初都受到政府的资助,但后来政府资本都退出了。美国 1916 年设立的联邦土地银行和 1923 年设立的联邦中期信用银行,都是在政府的资助下设立的。1968 年,政府资本退出,美国农场信贷体系实现了农户完全拥有所有权。日本在 1959 年,农林中央金库偿还了政府出资资金后,成为民办机构。在政府资本退出之后,美国的信用社和日本的农业协同组织继续发展，为农村服务，两国的农村人均 GDP 在波动中增长。这说明政府资本的退出和所有权的明晰对农村经济的发展是有利的。

美国和日本农村信用合作政策变迁的过程为我们揭示了一个规律：农村合作经济发展初期一般需要政府投入，但政府投入的数量并不是越多越好，在时间的考量上也需要适当。初期农村信用合作发展基础薄弱，需要政府投入帮助其发展，但随着农村信用合作发展的不断成熟，政府的过度干预会带来农村信用合作产权模糊等一系列问题，这时政府资本应当及时退出。

3.1.4.3 各层级机构间没有隶属关系且职责分工明确

纵观德国和日本，农村信用合作组织结构健全，层次清晰，上下层之间没有隶属关系，上级机构对下级机构行使的是指导和服务的职能，而不是行政管理职能。德国农村信用合作体系的最上层是德意志中央合作银行，中间层是地区性合作银行，最基层是信用合作社，但这三层之间没有隶属关系，上层对下层是提供金融服务的职能，而不能对下层行使行业管理的职能。日本农村信用合作体系也分为三层，即基层农协、县信用农协联合会以及农林中央金库。三个层级的机构都是自主经营，自负盈亏，在经济上有往来但没有隶属关系。

3.1.4.4 建立存款保险制度

为保护存款人利益，降低农村信用合作组织运行风险，提高稳定性，德国、美国和日本都建立了针对农村信用合作机构的存款保险制度。德国的农村信用合作存款保险机构是行业自行组织的，农村信用合作机构自愿投保，不强制保险。美国要求必须为农村信用合作的存款进行投保，具有强制性，有专门的机构承担该项保险业务并对投保农村信用合作组织进行监督。日本的信用合作存款保险是国家强制的，保险机构是官民合营的，日本政府对它的建立与其他国家相比进行了更强的干预。

3.1.4.5 强制拆散规定

农村信用合作组织发展的可持续性是其生存和发挥自身职能作用的前提，合理的绩效水平是农村信用合作组织可持续发展的保证，但农村信用合作的初衷带有明显的普惠性，从而其非营利性同时需要被强调。从世界范围来看，农村信用合作的发展始终面临着使命和绩效的两难，对于绩效的过分强调会导致"使命漂移"（Mission Drift）这一经典问题的发生，所以如何平衡好农村信用合作组织的绩效和使命便显得尤为重要。对于农村信用合作发展过程中所产生的趋利问题，国家需要进行一定程度的干预。资本的趋利性会导致其流向回报更高的项目，而由于农业本身存在的高风险等特点，政府需要对农村信用合作组织进行必要的约束，使其不至于因趋利使本身的目标发生偏移，甚至面临更复杂的风险问题。此时的政府可以在不破坏合作制原则的基础上用法律或者经济手段对其进行管理。如德国为防止农村信用合作组织过度追求自身的经济利益而背离成立的初衷，在《合作社法》中做出这样的强制性规定：如果一个合作社追求其他目标，则它可被强制拆散。这样规定主要是因为合作社是非营利性组织，是为了合作互利，服务社员，与以营利为目的的企业有很大区别。强制拆散提出的根本目的在于对"合作制"的保护，具有明显的时代特点，是合作制发展到特定时期的产物，其本身的制定和实施需要结合发展的实际情况而定。

3.2 我国农村信用合作的变迁及存在的问题

3.2.1 我国农村信用合作的变迁

我国农村信用合作的发展起步较晚，发展过程几经波折。根据农村信用合作发展的外部经济条件变化和重大政策变革，我国农村信用合作的发展过程可以被大致划分为六个阶段。

3.2.1.1　第一阶段：初具雏形阶段（1949 年以前）

1919 年 10 月，薛仙舟先生于上海创办了上海国民合作储蓄银行，此举开我国信用合作之先河。当然，此时的信用合作仍然仅处于城市信用合作的层面。浙江省在 1928 年成立了农民银行筹备处，但成立后的运行效果欠佳。同年 12 月，"中国合作学社"成立，随后，国内一些地方纷纷开始成立合作社。至 1931 年，在全国 1 932 个县中，有 164 个县成立了合作社，此后，通过逐步发展，大多数县都有了自己的合作社。1935 年 4 月，鄂、豫、皖、赣四省的农民银行进行了改组，成为办理农业合作借款且具有全国性的机构，即中国农民银行。1936 年，当时的政府实业部公布了《合作金库规程》，规定各地合作社可以建立金库组织，专门管理社员股金。1937 年和 1938 年，分别两次修订和调整了合作借款的相关办法。1942 年 8 月，民国政府所属的各家国有银行实行了专业化分工，同意由中国农民银行办理农村贷款。1946 年 11 月，中央合作金库成立，其主要业务是以调剂合作资金方式来支持发展合作事业。

3.2.1.2　第二阶段：试办、推广与调整阶段（1949—1958 年）

中华人民共和国早在建国初期就开始了关于发展信用合作的探索和尝试。最初开始尝试发展农村信用合作的原因，仍然是基于生产性资金的需求无法得到满足这一现实问题（叶应谈，1992）。中华人民共和国成立后，农户之间生产发展水平的不平衡使其对资金的需求有着较大差异，有资金借出需求的农户通过借钱给有资金借入需求的农户而获得收益，资金借出利率高。1951 年 5 月，各地开始尝试建立农村营业所，试办农村信用社。1952 年"三反"后，机构精简，农业合作银行被撤销。1953年，农业合作化开始实行，农村信用合作在这一时期有了较大发展。此时的农村信用社对于促进农村生产的发展发挥了积极作用，当然问题同样存在，主要表现在：一方面，由于农村贷款缺乏有效且正规的金融支持，导致当时农村地区高利贷肆虐，信用社在抑制高利贷上有一定贡献；另一方面，信用社的规章制度的不完善，使其缺陷不断暴露，并且工作人员执行规章制度的行动力不足。1955年3月，为支持农业合作化，为其提供信贷支持，中国农业银行成立，开始为农村地区提供相应的金融服务。1957年4月，中国农业银行和中国人民银行合并。到20世纪50年代后期，由于政府干预的不断加强，农村信用社的合作性质逐渐被改变，在满足农民资金需求等方面的作用反而变得极为有限。

3.2.1.3 第三阶段：整顿、巩固与曲折发展的阶段（1958—1978年）

在这一时期，由于涉及中国农业银行的组织机构调整，农村信用合作的发展大致历经了三次调整。1958年，农业银行基层机构银行营业所与农村信用合作社合并。1963年，中国农业银行再次独立建行，并建立了中央、省、地、县、基层营业所五个层级的庞大组织体系。1965年，因为机构过于庞杂、体系过于庞大，中国农业银行再次与中国人民银行合并。这一时期，农村信用合作社的性质问题始终未能得到有效解决。农村信用合作社的领导管理权先是于1958年下放给人民公社，在1962年，农村信用合作社的隶属关系等问题被提出来进行探讨，1963年，农村信用社的管理权属于中国农业银行。国家虽然不断尝试明确农村信用合作社的性质，却始终未能实现，反而使其性质变得更加复杂。1958年，在组织结构和领导关系变更后，农村合作信用社的信用合作性质完全丧失。1962年，《关于农村信用合作社若干问题的决定》出台，重新明确了农村信用合作社的组织性质和业务上的独立性，此后农村信用合作社得到了恢复和发展。1969年，农村信用合作社的体制改革问题被提出和讨论，坚持革委会一元化领导的结论被肯定；1977 年，农村信用合作社的性质被明确，国家从制度层面规范了农村信用合作社是社会主义集体所有制金融组织，实际上是国家银行在农村的基层机构，至此，信用社带有官方色彩。

3.2.1.4　第四阶段：回归与恢复阶段（1978—1984 年）

这一阶段，农村信用合作社在运行过程中不断暴露出由于其体制问题所带来的各种弊端，并引起了国家层面对该问题的高度重视，农村信用合作社的组织构架和体制机制等问题亟待厘清。1979 年，中国农业银行行长会议召开，会议对农村信用合作社"官办"体制的弊端进行了深刻剖析。1982 年底，中央政治局有关高层会议讨论通过了《当前农村经济政策的若干问题》，最终以中央正式文件的形式否定了信用合作社的双重管理体制，重申了信用合作社应坚持信用合作组织的性质。

3.2.1.5　第五阶段：全面改革和治理整顿阶段（1984—1996 年）

1984 年 6 月，以《关于改革信用社管理体制报告》出台为标志，国家启动了农村信用合作社管理体制的全面改革，目的是要将农村信用合作社改革成为真正意义上的农村信用合作组织。20 世纪 80 年代中期开始，全国经济和社会形势发生重大改变，但这一时期农业资金的需求仍然无法得到满足。一方面，从 1989 年开始，农村信用合作社进入了治理整顿阶段，治理整顿主要围绕内部经营机制和管理体制展开；另一方面，"清财收欠，以欠转贷"直接导致了农村合作基金会的产生。性质上，社会各界围绕其究竟是资金互助组织还是金融机构，抑或是由资金互助组织到金融机构的逐渐过渡这一问题进行了争论（曹羽茂，1996）。这种争论的本质是关于农基会到底是诱致性制度变迁还是强制性制度变迁的争论。农村合作基金会具有很强的行政依附性（张晓山，2002）。20 世纪 90 年代，我国引进的扶贫小额信贷多以国际机构资助为主，可持续性较差（刘西川，2007）。这一时期成为农村合作基金会规模迅速扩张的时期。在当时，农村合作基金会的存借款利率均高于当地农村信用社，而其融资范围，最高到达了县一级的农村合作基金会联合会（张晓山，2002），与之相伴的是极高的系统性风险。1992 年以后，农村合作基金会的主要资金来源由集体股金为主逐渐向个人股金为主转变（张晓山，2002）。同年，在四川也曾出现将股份制引入农村合作基金会的试点（王世荣，1994），并试图解决相应的系统性风险问题，但是，并未解释清楚抗风险能力差的症结所在，所以应对或规避风险的具体机制更无从谈起。1994 年中国农业发展银行成立，将国家层面的政策性金融业务独立出来。1994 年，以《国务院关于金融体制改革的决定》为依据，计划在年内基本完成农村信用合作社县级联社的组建工作。此外，对于农村信用合作社的监管问题也作了一些调整。

3.2.1.6 第六阶段：深化改革阶段（1996 年以来）

1996 年 8 月，《国务院关于农村金融体制改革的决定》的出台，标志着农村信用社进入深化改革阶段。同年，农村信用合作社与农业银行脱钩。中国人民银行在 1997 年年底的《农村信用合作社改进和加强支农服务的十条意见》中提出改进贷款管理方式的要求，放宽农户小额贷款条件，对信誉好、无拖欠贷款记录的农户可采取信用贷款的方式。同年，对于农村信用合作社的监管工作转由中国人民银行承担，政府也开始全面清理和整顿农村合作基金会。1998 年开始，各地农村信用合作协会逐步成立。2000 年，在江苏开展农村信用合作社的改革试点，一年后，全国首家经农村信用合作社改制而成的农村商业银行——"张家港农村商业银行"正式对外挂牌营业。2003 年，中国人民银行将其履行的与农村信用社相关的职能转交给新成立的中国银行业监督管理委员会负责。但是由于中国地区间经济社会发展的不平衡和职能冲突，全国农村信用社不良贷款比例高达 37%，绝大多数农村信用社处于破产边沿，因此 2003 年 6 月，我国农村信用社新一轮的改革拉开序幕。深化农村信用社试点推广工作率先在江苏等 8 个省（市）开展，2004 年逐步把试点工作推向全国。

2005 年 4 月，国务院发布的《关于 2005 年深化经济体制改革意见》强调，"探索发展新的农村信用合作组织"。2006 年 10 月，《中华人民共和国农民专业合作社法》颁布，明确了农民专业合作社及其社员的合法权益。同年 12 月，中国银行业监督管理委员会发布《关于调整放宽农村地区银行业金融机构准入政策更好支持社会主义新农村建设的若干意见》，放宽农村金融准入门槛，加强农村金融市场竞争，并着手准备农村资金互助社等新型农村信用合作组织的启动工作。2008 年 10 月，中共十七届三中全会形成了《关于推进农村改革发展若干重大问题的决定》，其中明确提出，"允许有条件的农民专业合作社内部开展信用合作"。从农基会取缔到以上"决定"的出台，作为新型扶贫小额信贷代表形式之一的农村资金互助社得到较快发展（田李静，2010）。实际上，我国最早的农村资金互助社试点始于 20 世纪 90 年代初期，此后，国际援助机构和民间组织进行了多个社区基金试点。2000 年以后，以村为单位，整村推进扶贫开发战略开始实施，一些地方将社区基金模式运用到财政扶贫资金的使用和管理中；2006 年，国务院扶贫办和财政部在 14 个省的 140 个村开展了贫困村资金互助试点；2007 年，试点扩大为 27 个省市的 274 个村（吴忠等，2008）。2011 年是全国贫困村资金互助社试点的高峰期，全国有贫困村资金互助社试点的贫困村 1.28 万个，资金总规模 25.31 亿元（国务院扶贫办，2011）。贫困村村级资金互助已成为国内规模最大的社区基金项目，在推动我国农村扶贫开发方面发挥了积极的作用。

3.2.2　我国农村信用合作发展过程中存在的问题

我国的农村信用合作虽然相较于德、美、日等发达国家起步较晚，但至今已有近百年的发展历史。发展过程中的起起伏伏，所经历的一系列制度变革，最终目的都是为了促进农村生产力的提高和经济的发展。1978 年十一届三中全会之后，虽然我国农村整体的经济发展水平在不断提升，但贫困问题一直存在，特别是在农村地区，因此运用金融手段解决贫困问题，发展农村信用合作成为主流趋势。不可否认，我国农村信用合作的发展过程中仍然存在一些问题。一方面，相对于其他农村信用合作组织，农村信用合作社存在的时间较久，影响范围较大，其作为正规金融机构受到政府的认可，因此通过对其发展中存在问题的梳理，可以反映出我国正规农村信用合作机构发展过程中存在的问题；另一方面，需要对农村信用合作组织发展过程中存在的问题进行大致了解。二者有共通处，亦有所差别。

3.2.2.1　农村信用合作社发展过程中存在的问题

首先，合作性质发生异化，商业化、营利性特征明显。农村信用合作社最早是由农民出资入股组建而成的信用合作机构，其主要任务是为社员提供信贷服务。与其他商业性金融机构以营利为目的不同，农村信用社强调社员之间的互助互利。按照《中国银监会农村中小金融机构行政许可事项实施办法》第六条要求，农村商业银行主要以农村信用合作社为基础组建。如根据法定程序组建，农村信用合作社应在征求老股东意愿的前提下，进行股金折算、股权过渡、清产核资。但随着经济的发展，农村信用合作社的实力不断壮大，在为社员继续提供金融服务的基础上，有能力参加其他的营利性项目；此外，由于市场经济发展迅速，商业化程度越来越高，农业的比较收益较低，农村信用合作社的资金资源自然向非农领域转移，信用社合作性质减弱，商业性质逐渐增强。

其次，对农业、农村、农民服务不足，信贷规模逐渐萎缩，主要表现为：第一，融资的需求与供给脱节。面对农村信用合作社的主要服务对象，在农村经济发展中缺乏资金的农户，对其资金的供给和授信的额度等方面严重不足。农户存款占农村信用合作社存款总量的比重不断上升与农户借款占农村信用合作社贷款总量的比重不断下降形成鲜明的对比。

最后，产权关系不清晰，所有权与控制权脱节，行政色彩浓厚。农村信用合作社从性质上讲属于合作制，但在当前，其制度性功能不断被扭曲，产生了与国有大型金融机构类似的问题。农村信用社是由农民入股组成的，它的所有人理所应当是农民，但实际上信用社的产权是模糊的。信用社产权应该属于每个具体的社员，现实中，信用社产权名为集体，集体由全体社员组成，但是由于信用社在行政上隶属于上级机构，接受上级机构管理，社员根本难以单独行使自己的权利。其初始产权便带有浓厚的行政色彩，社员作为出资人难以对信用社履行真正的民主管理和监督的权利。这一问题至今仍未得到很好解决，政府行政干预依然严重，具有"官办金融"性质。

3.2.2.2　农村信用合作组织发展过程中存在的问题

第一，试点以来贫困村资金互助社在运行过程中暴露出明显的制度缺陷。具体表现为：一是扶贫瞄准机制不完善，借款偿还水平不高；二是贫困村资金互助社性质模糊，并未有专门法律针对这一问题进行界定，实际上，贫困村资金互助社管理人员就互助社是营利性质还是公益性质问题存在争论；三是村民缺乏对贫困村资金互助社功能作用的了解，加上对钱财使用的谨慎使得村民的参与意愿较弱，这与培训和指导不到位有关；四是"不吸储""不出村"是贫困村资金互助社从成立之初就必须严格遵守的原则，然而在实际运行中，由于外部监管和内部管理的双重问题，部分贫困村资金互助社变相吸储，且有向村外扩展的倾向；五是运行经费没有得到很好解决，项目可持续性差（World Bank，2007）。

第二，治理结构存在缺陷。农村信用合作组织的"三会"在实践中多流于形式，法人治理结构并不完善。具体表现为：一是，社员代表大会有名无实，在实践中多流于形式；二是，高级管理人员的产生缺乏民主性，并未按规定由社员大会选举产生或更换；三是，理事会与主任之间缺乏权力制约机制；四是，部分农村信用合作组织未设置监事会或即使设置也难以充分发挥监督作用。

第三，具有针对性的法律缺位。我国农村信用合作发展至今已有近百年的历史，却没有一部专门的真正意义上的农村信用合作法律。各项改革多是由政府发布的文件决定的，然而这些规范性文件并不能很好地解决农村信用合作发展过程中出现的一系列问题。虽然 2006 年 10 月颁布的《农民专业合作社法》大概规定了农民组织、参与合作、组织的管理等方面的内容，但并未对农民信用合作组织做出专项规定，致使其法律定位不明，许多相关问题由于没有法律依据而难以处理。

第四，信贷风险内控体系不健全。由于政策和体制多方面的原因，再加上监管性不足，缺乏外部竞争等因素，造成我国农村信用合作信贷风险内控体系不健全，不完善。刘社建（2012）认为农村信用合作机构内控制度的缺陷是导致大量不良贷款产生的根本原因。首先，风险识别机制不健全，目前的信用社贷款分类方法无法全面反映贷款风险情况，且没有建立起适用于贷户特点的信用评级制度。其次，风险管理程序不科学，主要表现在贷款审批约束机制不强，缺乏专门的贷款风险控制与管理部门，并且贷款风险管理责任不明确。最后，人员素质不匹配、信贷风险管理基础制度不落实，直接导致了风险管理措施的实施。

3.3 本章小结

本章首先对德国、美国、日本三个发达国家的农村信用合作体系的发展和演变的过程、组织机构的基本模式和特征等问题进行了梳理，并对各个国家的以上问题进行了对比和探讨：就制度变迁的方式和路径而言，德国明显区别于美国和日本，属于是自下而上的诱致性制度变迁，美国和日本则具有明显的自上而下的特征，属于强制性制度演进。就农村信用合作的模式和特征而言，德国是金字塔模式，分为三个层次，三个层次各自独立，上下层级之间没有行政上的管理关系，上层机构对下层机构主要以提供业务指导及相应的服务为主；美国是多元复合模式，以政府为主导，多机构为支撑；日本的模式独具特色，也包括三层，各层的机构都是自主经营、自负盈亏，在经济上有往来但没有隶属关系。

总结以上发达国家值得借鉴的经验，我们发现：第一，国家可以通过政策手段对农村信用合作组织发展过程中产生的税收等方面的问题进行调整，寻求农村经济发展出路，但必须结合本国的实际情况。可以这样认为，在国家层面要首先以国家法律的方式对农村信用合作组织的性质进行规定和界定，对于农村信用合作组织进行制度保障。第二，政府资本的退出。所有权的明晰对农村经济的发展是有利的，即使政府在农村信用合作发展的初期进行了干预和指导，但当农村信用合作组织发展到一定阶段时，政府资本应当适时退出。第三，农村信用合作体系上下级机构之间不应有隶属关系，上级机构与下级机构应当是指导及提供金融服务的职能，行政干预的手段在信用合作社特别是信用合作社发展成熟后不应过多。第四，建立存款保险制度，保护存款人的利益，增强存款人的存款信心和动力，同时，也维护了农

65

村信用合作组织自身的信用甚至提升其信用评级。第五，防止农村信用合作组织在发展过程中过度追求自身的经济利益，背离成立的初衷，在相关法律法规中要体现出底线所在。

笔者通过梳理我国农村信用合作的发展历程，可以发现其存在的问题。我国农村信用合作的发展可划分为六个阶段。存在的问题对于正规农村信用合作机构的农村信用合作社来说：首先，合作性质发生异化，商业化、营利性特征明显；其次，对农业、农村、农民服务不足，信贷规模逐渐萎缩；最后，产权关系不清晰，所有权与控制权脱节，行政色彩浓厚。对于农村信用合作组织来说，首先，试点以来村级互助资金运行过程中暴露出明显的制度缺陷；其次，治理结构存在缺陷；最后，具有针对性的法律法规缺位。

4 四川贫困村资金互助社发展的现状

　　四川省从 2006 年 12 月开始进行贫困村资金互助社试点，首期全面试点的为旺苍县的 86 个贫困村。此后，项目试点工作开展得如火如荼，贫困村资金互助社在四川广大贫困地区遍地开花，截至 2013 年年底，全省试点村达到 1 691 个。2014 年是四川贫困村资金互助社发展过程中极具转折意义的时间节点。这一年，近一半的贫困村由于已没有继续试点的必要性和积极性而退出，贫困村资金互助社数量大幅下降，从 2011 年的 1 666 个降到了 2014 年的 829 个，原因是为了减少行政资源浪费，降低运行风险，并且能通过缩小贫困村资金互助社的规模来增强管理职能。根据 2011 年至 2014 年的全省入社农户数据显示，2014 年以前的入社农户数呈平缓式递增趋势，2014 年则出现了数量大幅降低的情况，表明在贫困村资金互助社和入社农户数量降低的同时，入社农户中贫困户的比例增加，进一步说明了贫困村资金互助社面向的对象群体是贫困农户。根据 2012 年至 2014 年财政扶贫资金对贫困户的瞄准度的调查数据显示，贫困户贷款的占比较低。虽然政府及地方企业注入的扶贫资金没有全部用到农民贷款项目上，但是财政扶贫资金对贫困户的瞄准度有所提升，从 2012 年的 0.38 上升到 2014 年的 0.6。截至 2015 年上旬，贫困村资金互助社试点仍保留试点县 38 个，试点村 896 个①。

4.1 四川省贫困村资金互助社的发展过程

自开始试点以来，四川省贫困村资金互助社的发展共经历了四个阶段，即：

第一阶段，自我探索阶段（2006—2007 年）。由于四川省是全国范围内的首批试点省，并没有开办贫困村资金互助社的相关经验可以借鉴，而且，国家刚开始试点，并没有对此做出详细统一的规定。四川的贫困村资金互助社试点工作开始摸着石头过河，大胆尝试创新，并于旺苍县开始试点。

第二阶段，全面扩大阶段（2008—2009 年）。由于第一阶段的试点工作开展顺利，效果理想，受到一致好评，四川逐步扩大试点范围，项目村数量迅速增加到 1 254 个。该阶段既是试点增长最迅速的阶段，也是试点开始统一规范的阶段。但此时，管理问题、资金问题、技术支持及人才短缺等问题逐渐暴露。

第三阶段，稳步推进阶段（2010—2012 年）。上一阶段发展迅猛的试点出现了管理跟不上发展的问题，为此，四川省放慢试点增加速度，加强贫困村资金互助社的管理和规范，着重解决试点中出现的问题。同时，启动退出机制，保证试点的发展具有可持续性。

第四阶段，巩固提升阶段（2013 年至今）。这一阶段，由于经济发展，农村金融大环境改善和各种惠农政策的出现，许多地方已经没有继续开展贫困村资金互助社试点工作的必要性和积极性，再加上由于试点数量增长过快，超出各级扶贫、财政部门的管理半径和管理能力，四川省开始积极探索贫困村资金互助社的退出机制，并且在 2013

---

　　① 数据来源：四川省扶贫移民局

年出台了《四川省贫困村互助资金试点推出（暂行）管理办法》，在
2014 年开展了贫困村资金互助社退出工作。截至 2014 年年底，共有
91 个县的 840 个村退出试点或留着本地监管（本地监管即继续试点，
但不再向省一级上报相关情况）。2013 年为深入探索贫困村资金互助
社的未来发展方向，四川省加强调查研究，查找贫困村资金互助社存
在的问题，分析产生问题的原因。2014 年针对监管还不完全到位的问
题，四川省进行了贫困村资金互助社监管综合考评。

4.2　四川贫困村资金互助社的运行和治理现状

4.2.1　四川贫困村资金互助社的运行和管理

四川省贫困村资金互助社秉承"不出村、不吸储、不分红"的原
则，以财政投入为主，农户自愿缴纳入社资金为辅，以此带动贫困农
户互相帮助、共同脱贫。贫困村资金互助社的运行、管理、监测架构
如图 4-1 所示。

运行方面。贫困村资金互助社在省扶贫移民局和省财政厅的指导
下，由下级相关部门配合宣传发动，讨论社区管理方案并制定章程，
由村上递交入社申请，经上级监管部门审核批准并在民政局注册登记
成立。贫困村资金互助社成立后，由社员民主选举出互助社理事会和
监事会。至此，贫困村资金互助社的基本管理框架形成。

管理方面。贫困村资金互助社的管理主要由理事会负责。在借款
程序上，由互助社成员提出申请，互助社管理人员受理申请后经由内
部讨论确认是否发放借款，如果是就发放借款并负责借款的回收工
作，同时，管理人员要进行财务核算、完成相关报表和公开。这一系
列行为都要接受监督小组的监督。

监测方面。既有上级扶贫和财政部门的外部监测，又有贫困村资金
互助社监督小组进行内部监测。具体监管制度在下文会有详细叙述。

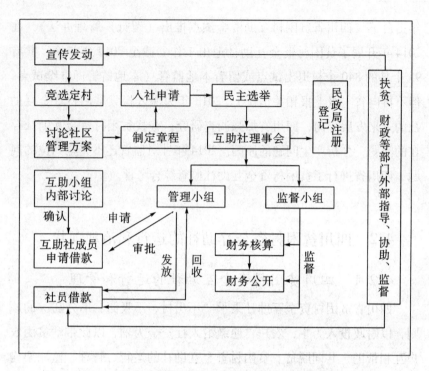

图 4-1　贫困村资金互助社的运行、管理、监测架构图

4.2.2　四川贫困村资金互助社的治理结构

　　四川贫困村资金互助社的组建由省扶贫办和财政厅牵头，项目市（州）扶贫办、财政局负责本市（州）项目的管理工作。在项目县的扶贫办和财政局可联合设立项目办公室或抽调专人来具体负责本县项目的实施工作。各项目村在各级项目办的帮助下成立贫困村资金互助社，具体执行本项目。从上至下主要包括省、市（州）、县、乡（镇）和村各层级，各层级组织分工明确，主要由上级部门组织下级部门具体开展试点工作，为下级部门提供项目上的服务和必要的技术支持。下级部门就是执行上级部门布置的任务，实施具体的组织管理工作。村的层面，则是由村"两委"会负责该村贫困村资金互助社的

筹备和建立的具体事务，并监督贫困村资金互助社的管理运行。贫困村资金互助社实行"三会"制度，"三会"各自有自身的职责。由村"两委"会负责贫困村资金互助社的筹备和运行，这种做法本身是否恰当是值得讨论的，而这种做法是否会造成社区精英占有贫困村资金互助社的资源，从而导致使命漂移等问题的产生，并在多大程度上影响了使命漂移的问题，也值得进一步的探讨。图4-2给出了贫困村资金互助社的组织管理架构。

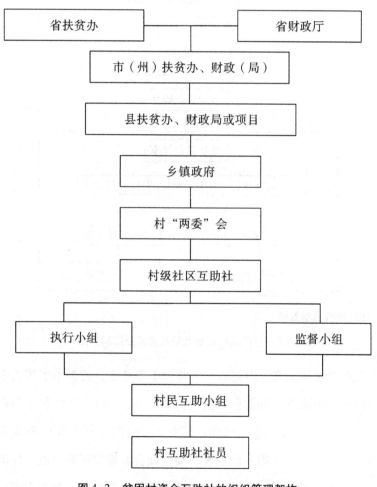

图4-2 贫困村资金互助社的组织管理架构

71

4.2.3 四川贫困村资金互助社的监管制度

贫困村资金互助社的监管由内部监管和外部监管构成，二者联系密切，均产生于相同的根源——项目风险，但又有着诸多区别。图4-3给出了贫困村资金互助社监管的组织构架图。

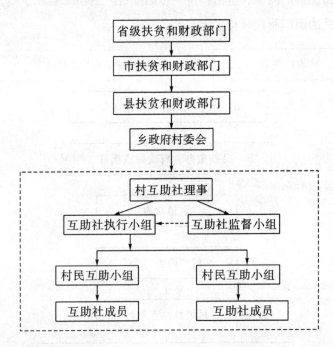

注：虚线表示监测活动

图4-3 贫困村资金互助社监管组织构架图

就监管主体而言，内部监管由监督小组负责，监督小组代表全体社员行使监督职责。外部监管机构由省、市（州）、县扶贫办和财政厅（局）及乡（镇）政府构成。其中，县扶贫办和财政局负责互助社的日常监管。乡（镇）政府和村委会配合县级管理部门做好外部监管工作。省、市（州）扶贫和财政部门进行定期或不定期的检查、监测和评估。

就监管的内容与方式而言，内部监管的内容主要为档案和财务记账两方面。在档案方面，须注意记录是否完整，是否及时归档，是否合理归类等。在财务记录方面，须注意记录的账务是否发生，发生的账务是否与记录相符合。此外，监督小组还要接受投诉，公布财务报表，最后形成递交监督机构的监测报告。内部监管由监督小组监督、核实执行小组上月的借款发放和回收情况，项目档案是否记录完整，存放是否妥当，查看和核实财务记录是否账账相符，账实相符，接受社员和群众投诉，审核确认的项目进度报表和财务报表并公示，完成月度监测报告，并提交理事会和外部监测机构（县、乡管理部门）。监督小组主要负责事后监督，每月工作 1~5 天，一般在每月的 10 日开始工作，在每月的 15 日公布监督结果。外部监管主要是对试点进程和贫困村资金互助社的运行状况进行宏观把控和客观评价。外部监管需要执行小组和监督小组上报信息。执行小组每个月向县管理部门提交经过内部监督小组审核签字后的上月财务报表、项目进度和质量报表，以及相关的文字报告；监督小组每个月向乡镇、县管理部门提交月度监测报告。

4.3 本章小结

本章论述了四川省贫困村资金互助社自 2006 年 12 月开始试点以来的基本情况与基本现状。其发展阶段大致可以分为四个：第一阶段，2006 年到 2007 年的试点自我探索阶段；第二阶段，2008 年到 2009 年的试点全面增加阶段；第三阶段，2010 年到 2012 年的试点稳步推进阶段；以及第四阶段，2013年至今的试点巩固提升阶段。四川的贫困村资金互助社在制度建设方面，不仅有自己的运行流程，同时存在较为规范的治理结构和相应的监管制度。

5 贫困村资金互助社发展的
   可持续性研究

　　目前，关于贫困村资金互助社经济绩效方面的评价逐渐增多，研究者所选用的研究方法的差异性却相对较小。从已有的研究来看，主要有相关财务指标分析法、问卷调查法、产权效率分析法等，尚未形成统一的用于评价贫困村资金互助社经济绩效的研究方法或建立统一的指标体系。在实践中，贫困村资金互助社不同于其他农村金融机构，有非常系统且复杂的一系列金融指标数据来衡量机构的运营状况或风险情况，贫困村资金互助社所统计的数据十分简单且不全面，同时受限于贫困村资金互助社的实际情况，往往难以准确判断其可持续发展状况。贫困村资金互助社区别于其他一般农村金融机构的地方还在于，其资金来源有较大一部分为政府补贴，补贴的额度与经营好坏有密切的关系。判断贫困村资金互助社的可持续性，即是判断其在去除政府补贴的情况下是否可以实现持续经营，如果可以，那么贫困村资金互助社具有自我可持续发展能力。Yaron 提出的补贴依赖指数，可以用来考察农村金融机构对补贴的依赖程度。本章借助 Yaron 提出的补贴依赖指数对贫困村资金互助社的可持续发展状况进行分析，并对该综合指标的影响因素，即借款利率、借款回收率和运营成本进行分析。

5.1 数据来源

本章数据来源于四川省扶贫移民局 2014 年 4 月到 2015 年 3 月一年内的监测统计数据，覆盖四川省 10 市 23 县的 588 个贫困村资金互助社。项目县按所属经济区划分，不仅覆盖了四川省四个连片特困地区中的三个，即秦巴山区、乌蒙山区和大小凉山彝区，还包括了成都平原地区和丘陵地区。所覆盖的地区代表四川省现有的三种不同的经济发展模式，即平原地区经济、丘区经济和山区经济，各具特色。具体分布情况如表 5-1 所示。

表 5-1 项目县所属地区分布情况

所属地区	项目县
成都平原	市中区、五通桥区、夹江、东坡区
丘陵地区	雁江、安岳、南溪、江安、大英、高坪、蓬安、西充、仪陇、阆中、井研、沐川、中江、梓潼
秦巴山区	旺苍、青川、通江、南江、平昌

在代表平原地区经济发展模式的项目县中，既有经济状况较好的市中区、五通桥区，经济状况一般的东坡区，也有经济状况较差的夹江县。代表丘陵地区经济发展模式的项目县中，有经济状况较好的中江县、梓潼县，一般的高坪区、蓬安县、仪陇县、南溪县等，较差的雁江区、江安县等。代表山区经济发展模式的项目县中，有经济状况较好的南江县、旺苍县，经济状况一般的通江县、平昌县，经济状况较差的青川县。由于项目县覆盖了四川省三大经济区，代表了三种不同的经济发展模式和不同的经济发展状况。所以，可对贫困村资金互助社的可持续性及其影响因素进行较为全面、准确的反映。具体分布情况如表 5-2 所示。

76

表 5-2　　　　　　　　　　项目县所属经济区分布情况

所属经济区	项目县
成都经济区	雁江、安岳、市中区、五通桥区、夹江、东坡区、中江、梓潼
川南经济区	南溪、江安、大英、井研、沐川
川东北经济区	旺苍、青川、高坪区、蓬安、西充、仪陇、阆中、通江、南江、平昌

5.2　贫困村资金互助社补贴依赖指数（SDI）

补贴依赖指数可以衡量贫困村资金互助社在其持续经营中对补助金的依赖程度，即在去除补贴的情况下，贫困村资金互助社需要提高多少平均借款占用费率，才可以实现自我可持续发展。补贴依赖指数的值应大于或等于-1。当补贴依赖指数的值为 0 或负数时，表示贫困村资金互助社已经实现了自我可持续发展。若为 0，表示贫困村资金互助社已经完全实现了自我可持续发展；若为负数，表示贫困村资金互助社在没有补贴的情况下，即使降低相应的借款占用费率，仍然能够实现可持续发展。补贴依赖指数的值为正数时，表示贫困村资金互助社需要提高相应的平均借款占用费率，才能在取消补贴的情况下实现机构的可持续发展。贫困村资金互助社不同于其他农村金融机构，不能按照原来的公式进行计算，因此作了如下调整：

SDI＝贫困村资金互助社所获年净补贴/年均占用费收入

表 5-3 显示了县级层面的，可获得数据的 23 个县的贫困村资金互助社的补贴依赖指数。数据表明：从县级层面来看，23 个县的贫困村资金互助社在经营上对财政补贴的依赖程度较高，需要将现行的平均占用费率增加 5.7 倍，才能在取消所有补贴的情况下实现完全自我可持续发展。从单个贫困村资金互助社来看，这些县境内不乏一些发

展较好，可持续发展能力相对较强的分困村资金互助社，比如仪陇县的白家梁贫困村资金互助社、通江县的聂家坝贫困村资金互助社和天井坝贫困村资金互助社，补贴依赖指数分别为57%、64%和61%，但依然没有实现完全的自我可持续发展。综上所述，目前贫困村资金互助社在持续经营中对补贴的依赖程度高，在除去补贴的情况下，贫困村资金互助社难以实现自身的可持续发展。也有部分贫困村资金互助社能够维持经营的自我可持续发展，但尚未完全实现自我可持续发展。

表 5-3　　　　　　　贫困村资金互助社补贴依赖指数　　　　　单位：元

项目县	所获年净补贴	年均占用费收入	SDI
旺苍县	15 480 000	5 288 373	293%
青川县	1 200 000	26 870	4 466%
雁江区	880 000	323 506	272%
安岳县	8 620 000	2 910 816	296%
南溪县	579 000	237 789	243%
江安县	5 552 200	1 431 575	388%
大英县	3 350 000	689 205	486%
高坪区	1 851 375	306 457	604%
蓬安县	4 272 314	1 902 656	225%
西充县	3 760 000	650 435	578%
仪陇县	2 219 365	1 895 569	117%
阆中市	2 404 000	1 004 846	239%
通江县	2 088 428	1 488 426	140%
南江县	9 558 000	2 747 048	348%
平昌县	8 220 000	2 223 150	370%
市中区	2 268 000	443 600	511%
五通桥区	2 480 000	653 032	380%

表5-3(续)

项目县	所获年净补贴	年均占用费收入	SDI
井研县	10 090 164	2 749 941	367%
沐川县	5 650 000	1 070 468	528%
夹江县	400 000	125 196	319%
东坡区	152 000	32 917	462%
中江县	4 619 299	1 088 832	424%
梓潼县	1 705 600	163 518	1 043%
SDI 均值			570%

数据来源：四川省扶贫移民局

5.3 贫困村资金互助社自我可持续发展能力的相关因素分析

5.3.1 贫困村资金互助社的资金占用费率

为弥补机构运营所产生的一系列成本，如办公管理费用等，贫困村资金互助社需要对其借款收取资金占用费。四川省财政厅和扶贫开发办公室 2008 颁发的《四川省贫困村村级发展互助资金项目操作指南（试行）》规定：资金占用费率，按照能覆盖互助社运行成本的原则，由村民大会讨论决定。原则上不低于当地信用社同期借款利率。四川省贫困村资金互助社的资金占用费率在6‰~8‰之间，部分村的占用费率较低，贫困村资金互助社可通过提高借款占用费率，来实现经营的自我可持续发展。

5.3.2 贫困村资金互助社的借款回收率

借款回收率是影响自我可持续发展的重要因素。经验表明，借款

难以收回、违约率高的金融机构，资金周转慢、效率低下，持续经营
面临巨大的困难，结果往往是破产清算或者依靠国家的资助苟延残
喘。不过，根据四川省扶贫移民局提供的监测数据来看，在 2014 年 4
月到 2015 年 3 月一年的时间内，有 13 个县的贫困村资金互助社的借
款回收率为 100%，借款回收效果很好；有 6 个县的贫困村资金互助
社的借款回收率大于等于 90% 且小于 100%，借款回收效果较好；有 2
个县的贫困村资金互助社借款回收率大于等于 80% 且小于 90%，借款
回收效果一般；有 2 个县的贫困村资金互助社借款回收率小于 80%，
其中青川县的借款回收率仅为 9.1%，借款回收效果较差。具体情况
如表 5-4 所示。

表 5-4　　　　　贫困村资金互助社借款回收率

借款回收率	县（个）	项目县
小于 80%	2	青川（9.1%）、高坪（79.9%）
大于等于 80% 且小于 90%	2	南溪（84.7%）、阆中（83.9%）
大于等于 90% 且小于 100%	6	旺苍（99.2%）、蓬安（97.1%）、仪陇（92.2%）、南江（99.4%）、中江（99%）、梓潼（98.3%）
100%	13	雁江、安岳、江安、大英、西充、通江、平昌、市中区、五通桥区、井研、沐川、夹江、东坡

数据来源：四川省扶贫移民局

贫困村资金互助社社员通常具有地缘、亲缘、业缘关系，互助社
管理人员通常都是由本村村民民主选举产生，对社员家庭、个人信誉
等情况比较了解，可以降低因为信息不对称带来的风险。此外，贫困
村资金互助社社员实行小组联保制度，成员借款时，其他成员需要为
其担保，若该成员不能按时还款，其他成员负连带责任。这些措施都
极大地增强了对社员的道德约束，降低违约风险。

80　　　　所以，贫困村资金互助社在借款回收上基本不存在问题，这点也

从四川省扶贫移民局的监测数据上得到印证，82.6%的贫困村资金互助社借款回收率高于90%，借款回收效果较好，较高的借款回收率为实现自我可持续发展提供了重要保障。但是，也有小部分贫困村资金互助社借款回收率较低。因此，在这一点上，贫困村资金互助社仍有提升空间来加强自我可持续发展能力。

5.3.3　贫困村资金互助社的运营成本

贫困村资金互助社的互助资金由三部分构成，即财政扶贫资金、村民自愿缴纳的互助金和捐赠资金。村民缴纳的互助金原则上在财政扶贫资金总额的百分之二十到百分之五十之间，实际上接受捐赠的资金往往更少，低于村民缴纳的互助金，所以互助资金主要来自于财政补贴。

为研究贫困村资金互助社在没有财政补贴情况下的收支状况，引入了总收入*和成本覆盖率*两个变量。由于互助社借款是短期借款，一般不超过 12 个月，假设贫困村资金互助社互助资金仅由村民缴纳和接受捐赠所得资金构成，互助社将互助资金全部借出，并且按月资金占用费率 8‰收取借款占用费，村民的借款时间为 12 个月，那么总收入* ＝互助资金×8‰×12，成本覆盖率* ＝总收入*/运营成本。

表 5-5 给出了在 2014 年 4 月到 2015 年 3 月一年的时间内，23 个县的贫困村资金互助社的运营成本及除去财政补贴后的收支情况。数据表明：23 个县的贫困村资金互助社，除仪陇县和东坡区外，在没有财政补贴的情况下都处于亏损状态，也就是说，如果不降低运营成本，将难以实现自我可持续发展。但由于贫困村资金互助社的办公用品的购买和办公设备的购买都是必需的，管理人员都是本村农户，平时仅支付少量补助，因而成本很难缩减。所以，靠降低运营成本来提升自我可持续发展的空间有限。

表 5-5 贫困村资金互助社收支情况 单位：元

项目县	管理费用	业务成本	运营成本	总收入[*]	成本覆盖率[*]
旺苍县	2 946 793	4 018	2 950 811	476 854	16.16%
青川县	11 025	–	11 025	9 725	88.21%
雁江区	148 813		148 813	29 983	20.15%
安岳县	1 092 977		1 092 977	351 842	32.19%
南溪县	140 950	2 279	143 229	20 548	14.35%
江安县	572 417	–	572 417	149 666	26.15%
大英县	332 411	1 737	334 148	76 823	22.99%
高坪区	199 683		199 683	46 158	23.12%
蓬安县	1 084 925	–	1 084 925	147 493	13.59%
西充县	83 963		83 963	70 937	84.49%
仪陇县	414 946	89 244	504 190	660 988	131.10%
阆中市	604 374	–	604 374	74 140	12.27%
通江县	1 089 290	76	1 089 366	122 676	11.26%
南江县	1 207 033		1 207 033	338 425	28.04%
平昌县	1 201 106	–	1 201 106	211 442	17.60%
市中区	246 012	–	246 012	66 013	26.83%
五通桥区	432 602	2 608	435 210	71 743	16.48%
井研县	1 558 660	–	1 558 660	225 746	14.48%
沐川县	575 049	–	575 049	139 428	24.25%
夹江县	86 538	–	86 538	11 834	13.68%
东坡区	3 563	–	3 563	5 255	147.49%
中江县	814 546	100 815	915 361	104 537	11.42%
梓潼县	73 930	–	73 930	31 479	42.58%

数据来源：四川省扶贫移民局

5.4 贫困村资金互助社自我可持续发展能力的影响因素分析

5.4.1 模型建立

目前相关研究主要以覆盖效果和可持续性两个标准来衡量农村资金互助社的运行绩效（杨奇明等，2015），本书希望在已有研究的基础上进一步探究贫困村资金互助社自我可持续发展能力的影响因素。由于本书的被解释变量 y 代表贫困村是否实现了经营的自我可持续，实现经营的自我可持续 y=1，没有实现经营的自我可持续 y=0，y 只有 0 或 1 两个取值，所以选用二元 Logistic 回归模型对贫困村资金互助社自我可持续发展能力的影响因素进行分析。该模型是研究定性变量与其影响因素关系的有效工具之一，表达式为：

$$\ln\left(\frac{P_i}{1-P_i}\right) = \beta_0 + \beta_1 X_1 + \cdots + \beta_1 X_1 + \mu$$

式中，P_i 代表第 i 个变量中贫困村资金互助社实现自我可持续的概率，$1-P_i$ 代表第 i 个变量中贫困村资金互助社没有实现自我可持续的概率。β_0 为常数项，X_1，X_2，$\cdots X_n$ 为解释变量，β_1，β_2，$\cdots \beta_n$ 是解释变量的回归系数，是模型的估计参数，μ 代表随机误差项。

5.4.2 变量选取与定义

（1）因变量选取。模型的因变量为贫困村资金互助社是否实现了经营的自我可持续发展。如果实现 y=1，没有实现 y=0。

（2）解释变量选取。基于前人研究（杨龙等，2015；林乐芬等，2013；曲小刚等，2013；戎承法等，2011；宁夏等，2010）和本次调查中了解到的有关贫困村资金互助社的实际情况，本书主要从市场渗透率、财政资金对贫困户的瞄准、财政资金的使用效率、互助资金的安全性、互助社财务可持续性以及管理人员特征六个方面来分析贫困村资金互助社自我可持续发展能力的影响因素。选取上述指标主要基于以下考虑。

市场渗透率。包括互助资金总额、借款规模及资金借出率、入社农户数和农户入社率。互助资金总额反映了贫困村资金互助社的抗风险能力和服务能力。借款规模反映农户信贷能力以及对贫困村资金互助社的支持力度。资金借出率反映了农户对贫困村资金互助社的接受程度和对互助资金的利用程度，资金借出率越高，农户对互助社的接受程度和对互助资金的利用程度越高，则产生的资金占用费也就越多。贫困村资金互助社成立的初衷在于扶贫，实现这一目标的前提是农户加入互助社。入社农户越多，贫困村资金互助社的服务范围越广，越能够实现扶贫目标。而农户入社率反映了贫困村资金互助社在当地农村市场的覆盖面。农户入社率越高，借款次数越多，贫困村资金互助社就越有可能实现资金的循环利用，进而产生占用费收入以维持发展。

贫困村资金互助社对贫困户的瞄准。为了更好地为广大农户提供金融服务，贫困村资金互助社必须注重自身可持续发展能力的提升；由于其存续的重要意义是扶贫，互助社在提升自身可持续发展能力的同时，亦追求更好地为贫困户服务。贫困村资金互助社在追求自身可持续发展能力提升的同时必须注重对贫困户的瞄准，因此，对二者关系的研究就十分必要。贫困村资金互助社是否更多地让贫困户受益，可从贫困户入社率、贫困户扶持率、财政资金对贫困户的瞄准度三个方面考察。贫困户入社率和贫困户扶持率分别反映了贫困户参加贫困村资金互助社和使用互助资金的情况。财政资金对贫困户的瞄准度，是贫困村资金互助社借款总额中面向贫困农户的借款额比例与互助资金总资本金中财政资金投入比例的比值，即单位财政资金投入所能实际给贫困户提供的借款。财政资金对贫困户的瞄准度与财政资金对贫困户的瞄准呈同方向变化。

财政资金的使用效率。包括财政资金杠杆倍数、资金周转率、互助社借款用于发展生产的比例。财政资金杠杆倍数，即贫困村互助资金总额与政府财政投入的比值。互助资金由政府安排资金、农户交纳社员入股金和其他社会捐赠资金三部分构成，政府为了追求财政投入成本的最小化，利用财政资金的杠杆作用来扩大财政投入的效果，财政资金杠杆倍数就体现了财政资金的扩大效果。财政资金杠杆倍数越高，说明单位财政资金的投入可以带动的社员资金和其他社会资金对贫困村资金互助社的投入就越多，贫困村资金互助社对财政资金的使用效率越高，越有可能实现经营的自我可持续发展。资金周转率表示单位时间内贫困村资金互助社借款总额与贫困村互助资金总额的比值，资金周转率大于1，说明单位财政资金的投入能够获得比单纯财政投入更好的资金效果。资金周转率越高，一方面说明单位时间内单位财政资金的投入能够产生更大的作用，效率越高；另一方面说明贫困村资金互助社自身账户留存的资金少，借出了尽可能多的资金，资金利用效果好。农户向贫困村资金互助社借款用于发展生产的比例体现了农户借款转化为能够产生经济效益、实现增收的生产性投资的比例，即借款最终转化为生产资金的比例。

贫困村互助资金的安全性。包括借款安全性和风险预防安全性。借款安全性用逾期借款率和违规借款率来衡量。借款安全性越高，逾期借款率越低，说明贫困村资金互助社的借款越容易收回。为规避风险，贫困村资金互助社设置了借款条件，农户申请借款必须在规定额度内，还清了之前的欠款，并且满足每户在约定的借款时期只能借款一次，方可获得批准。借款违规就是指贫困村资金互助社将借款发放给并不满足借款条件的农户，具体包括限额违规户、前账不清续借户、借款重置嫌疑户。违规借款率越高，借款安全性越低。风险预防安全性体现在贫困村资金互助社是否对可能出现的风险具有预见性并是否采取了有效的防范措施。笔者在调查中发现，贫困村资金互助社采取的最主要的风险防范措施即提取风险准备金。所以本书用是否提取风险准备金来衡量风险预防安全性。

财务可持续性。自负盈亏率反映贫困村资金互助社的财务可持续性，即收入是否能够覆盖贫困村资金互助社在运行过程中的成本费用，用总收入除以总成本表示。自负盈亏率大于1，说明贫困村资金互助社的制度设计能够完全弥补其运作成本。

管理人员特征。主要以管理人员受教育程度来分析管理人员特征对贫困村资金互助社自我可持续发展能力的影响。管理人员受教育水平的高低，影响其对政策的理解和把握、发展方向的瞄准、专业知识的学习和接收，并最终可能会对贫困村资金互助社的自我可持续发展能力产生影响。

变量的描述性统计如表5-6所示。

表5-6　　　　　　　　　　计量模型中变量的描述性统计

变量	变量说明	极小值	极大值	变量均值	标准差
是否实现自我可持续发展	是=1；否=0	0	1	0.20	0.397
市场渗透率					
互助资金总额(元)	连续变量	91 298.00	1 972 537.00	217 458.49	132 386.42
借款规模(元)	连续变量	38 600.00	2 175 800.00	164 244.07	144 304.45
资金借出率(%)	连续变量	37.64	121.86	74.12	45.21
入社农户数(户)	连续变量	34.00	399.00	142.32	60.79
农户入社率(%)	连续变量	6.31	100.00	69.23	19.47
财政资金对贫困户的瞄准					
贫困户入社率(%)	连续变量	0.00	100.00	81.09	26.32
贫困户扶持率(%)	连续变量	0.00	100.00	87.25	26.24
财政资金对贫困户的瞄准度	连续变量	0.00	1.96	0.45	0.41

表5-6(续)

变量	变量说明	极小值	极大值	变量均值	标准差
财政资金的使用效率					
财政资金杠杆倍数	连续变量	1.01	11.23	1.36	0.56
资金周转率(%)	连续变量	12.18	195.88	71.94	28.91
借款用于发展生产的比例(%)	连续变量	28.00	100.00	89.54	14.83
资金的安全性					
逾期借款率(%)	连续变量	0.00	100.00	3.41	15.94
违规借款率(%)	连续变量	0.00	80.00	2.29	7.65
是否提取风险准备金	是=1;否=0	0	1	0.88	0.32
财务可持续性					
自负盈亏率(%)	连续变量	44	4 224	2 113	944.80
管理人员特征					
管理人员受教育程度(年)	连续变量	6.00	15.00	7.83	2.59

5.4.3　计量结果及分析

本书采用 SPSS19.0 对 588 个贫困村资金互助社的数据进行二元 Logistic 回归分析,结果如表 5-7 所示。

表 5-7　贫困村资金互助社自我可持续发展能力影响因素的回归结果

变量	回归系数(B)	标准误(S. E)	Wald 值	显著性(Sig)	Exp(B)
互助资金总额	2.982	1.104	7.298	0.007***	19.727
借款规模	-2.025	1.239	2.671	0.102	0.132
资金借出率	1.174	0.381	9.495	0.002***	3.234
入社农户数	0.675	0.003	10.934	0.001***	0.989
农户入社率	0.796	0.876	0.826	0.364	2.216
贫困户入社率	0.066	0.748	0.008	0.930	1.068
贫困户扶持率	0.255	0.794	0.103	0.748	1.290

表5-7(续)

变量	回归系数(B)	标准误(S. E)	Wald 值	显著性(Sig)	Exp(B)
财政资金对贫困户的瞄准度	0.382	0.394	0.940	0.332	1.465
财政资金杠杆倍数	11.610	1.650	49.520	0.000***	3.908
资金周转率	3.992	2.045	3.810	0.041**	54.165
借款用于发展生产的比例	−1.795	1.162	2.387	0.122	0.166
逾期借款率	−0.438	1.604	0.075	0.785	0.645
违规借款率	0.221	1.787	0.015	0.902	1.247
是否提取风险准备金	1.501	0.546	7.567	0.006***	0.223
自负盈亏率	1.169	0.635	3.384	0.963	3.217
管理人员受教育程度	−0.079	0.056	2.021	0.155	0.924
常量	−19.526	3.296	35.106	0.000***	0.000
Nagelkerke R 方			0.680		

注:**、*** 分别表示在5%和1%的水平下通过显著性检验

从表5-7可以看出,在16个变量中,有5个变量在1%的水平下通过显著性检验,有1个变量在5%的水平下通过显著性检验。衡量市场渗透率的三个指标,即互助资金总额、资金借出率、入社农户数,均在1%的水平下通过显著性检验。从回归系数可以看出,它们对贫困村资金互助社的自我可持续发展能力有正向的影响。衡量财政资金使用效率的两个指标:财政资金杠杆倍数和资金周转率,均对贫困村资金互助社的自我可持续发展能力有正向的显著影响,其中,财政资金杠杆倍数在1%的水平下通过显著性检验,资金周转率在5%的水平下通过显著性检验。衡量互助资金安全性的指标:是否提取风险准备金对贫困村资金互助社可持续发展是否有正向的显著影响,并在1%的水平下通过显著性检验。

88　　　　此外,衡量贫困村资金互助社对贫困户的瞄准的三个指标,均未

通过显著性检验，说明贫困户入社率、贫困户扶持率，以及财政资金对贫困户的瞄准度对贫困村资金互助社自我可持续发展能力没有显著影响。具体情况和原因如下：

（1）在衡量市场渗透率的指标中，互助资金总额、资金借出率和入社农户数与贫困村资金互助社自我可持续发展能力显著正相关，它们的回归系数在1%的显著水平下都为正，说明在其他条件不变的情况下，互助资金总额越大、资金借出率越高、农户入社数越多，贫困村资金互助社的抗风险能力和服务能力越强、服务范围越广，农户对互助社的接受程度和互助资金的利用程度越高，越有可能实现经营的自我可持续发展。互助资金总额的系数为2.982，表明互助资金总额每增加1，贫困村资金互助社实现经营的自我可持续发展的概率增加2.982；资金借出率的系数为1.174，表明借款总额与互助资金总额的比值每增加1个单位，贫困村资金互助社实现经营自我可持续发展的概率提高1.174；入社农户数的系数为0.675，表明入社农户数每增加1，贫困村资金互助社实现经营自我可持续发展的概率增加0.675。这与商文莉（2015）、林乐芬（2013）、戎承法（2011）的研究结论一致。商文莉（2015）、林乐芬（2013）均认为农村资金互助社的效率与其互助金的规模成正相关关系，随着资金规模的增加而增加。戎承法（2011）认为合作社成员总数、资金总额与在专业合作基础上发展资金互助效果存在显著的正相关关系。

（2）在衡量财政资金使用效率的指标中，财政资金的杠杆倍数和资金周转率与贫困村资金互助社自我可持续发展能力显著正相关，财政资金的杠杆倍数在1%的显著水平下为正，资金周转率在5%的显著水平下为正，说明在其他条件不变的情况下，财政资金杠杆倍数越高、资金周转速度越快，单位财政资金的投入可以带动更多社员资金和其他社会资金对贫困村资金互助社的投入，互助资金总额越大，资金的利用效果越好，产生的占用费收入越多，贫困村资金互助社越有可能实现经营的自我可持续发展。财政资金杠杆倍数的系数为11.610，表明贫困村互助资金总额与政府财政投入的比值每增加1个单位，贫困村资金互助社实现经营自我可持续发展的概率增加11.610；资金周转率的系数为3.992，表明单位时间内贫困村资金互助社借款总额与贫困村互助资金总额的比值每增加1，贫困村资金互助社实现经营自我可持续发展的概率增加3.992。

（3）在衡量互助资金安全性的指标中，是否提取风险准备金与贫困村资金互助社是否有自我可持续发展能力显著正相关，它的回归系数为1.501，在1%的水平下显著为正。如果提取了风险准备金，说明贫困村资金互助社对可能出现的风险采取了一定的预防和应对措施，也反映出互助社管理层对风险问题的重视和贫困村资金互助社制度建设的规范和完善，增加其实现经营自我可持续发展的可能性。

（4）另外，贫困村资金互助社对贫困户的瞄准对其自我可持续发展能力没有显著影响。衡量贫困村资金互助社对贫困户的瞄准的三个指标，贫困户入社率、贫困户扶持率，以及财政资金对贫困户的瞄准度，均未通过显著性检验，它们不是贫困村资金互助社是否能实现经营自我可持续发展的显著影响因素。贫困村资金互助社的财务目标是实现经营的自我可持续发展，而对贫困户的瞄准体现的是服务"三农"、改进社会福利的社会目标，贫困村资金互助社对贫困户的瞄准、对其自我可持续发展能力没有显著影响，所以，贫困村资金互助社可以在更有效地为贫困户提供金融服务、使其收入提高的同时，追求机构自身可持续发展能力的提高，二者并不矛盾。这与盛煜（2012）、McIntosh 等（2011）、Perera（2010）的研究结论不一致。盛煜认为当前中国的微型金融机构的确存在财务目标上和社会目标上的双重目标冲突。McIntosh 等通过实证研究后证实，商业化趋势下竞争压力加大促使微型金融机构减少了对穷人的服务，覆盖深度和广度都会下降，二者间存在替代关系。Perera 对斯洛伐克的商业性微型金融机构进行研究后发现,可持续性与贫困户覆盖面之间存在矛盾,二者相互替代。之所以研究结果存在差异,可能有以下两方面原因:一是本书的研究主体贫困村资金互助社就操作模式而言属于标准的小额信贷机构,但严格来讲小额信贷机构与其他学者研究的微型金融机构是有区别的,小额信贷一般只包括对客户提供信贷业务,而微型金融不仅包括信贷服务,还包括储蓄、培训等服务(张正平,2011);二是贫困村资金互助社扎根生长于中国,具有很强的政策扶贫性质,国外学者研究的微型金融机构则具有一定的商业性。

5.5 本章小结

本章参考 Yaron 提出的补贴依赖指数 SDI 研究贫困村资金互助社的可持续性发展,主要判断贫困村资金互助社自我可持续发展能力,并对贫困村资金互助社自我可持续发展能力的影响因素做了分析。

分析结果表明:大多数贫困村资金互助社在很大程度上依赖于政府的财政补贴运作,部分贫困村资金互助社能够维持经营的自我可持续发展,但尚不能实现完全的自我可持续发展。目前部分村的占用费率较低,这虽然符合贫困村资金互助社"扶贫"的宗旨,但过低的占用费率又会导致互助社无力维持发展,因此贫困村资金互助社可在综合考虑"扶贫"和自我可持续发展的条件下,适当提高资金占用费率,从而实现经营的自我可持续发展。也有小部分贫困村的资金互助社借款回收率较低,因此贫困村资金互助社仍有可能通过提高借款回收率来加强自我可持续发展能力。而贫困村资金互助社想要通过降低运营成本,来实现自我可持续发展几乎是行不通的。

互助资金总额、资金借出率、入社农户数、财政资金的杠杆倍数、资金周转率、提取风险准备金对贫困村资金互助社实现经营的自我可持续存在显著的正向影响,对贫困村自我可持续发展能力的提升有促进作用。贫困户入社率、贫困户扶持率、财政资金对贫困户的瞄准度不是贫困村资金互助社是否实现经营自我可持续的显著影响因素，贫困村资金互助社对贫困户的瞄准和对其自我可持续发展能力没有显著影响。

6 贫困村资金互助社的益贫效果研究

6.1 数据来源

贫困村资金互助社成立的初衷在于通过向农民提供生产性借款，帮助农民发展生产，从而实现经济增长过程中减少贫困人口的目的，强调穷人在经济增长中的收益程度，具有益贫性质。正是由于贫困村资金互助社的目标和性质，益贫效果成为值得研究的问题。本章主要从资金互助社益贫效果的横向比较、纵向比较和贫困村资金互助社益贫效果的影响因素三个方面对该问题进行研究。本章分析用到的数据参见上文第五章数据来源部分。

本次调研包括对县扶贫移民局、贫困村资金互助社的实地访谈，对互助社管理人员、入社农户的问卷调查。综合考虑调研目的和项目村经济发展状况、主要产业行业类型等情况后，决定采用非随机抽样方法进行抽样。由于旺苍是四川贫困村资金互助社试点最早的县，发展较好且有很多经验，南江和仪陇有许多发展上的创新，沐川则代表了四川省贫困村资金互助社发展的一般模式。因此，本次调研最终抽取以上四个具有代表性的县的 18 个贫困村资金互助社进行调研，抽样具体情况参见表 6-1。为了表现贫困村资金互助社成立后给入社农户带来的改变，本次调研还抽取了部分未加入互助社的农户，与社员农户进行对比。本次调研共发放问卷430份，剔除问题空缺率高的问卷和答案存在前后矛盾或明显不符合实际的问卷，回收有效问卷415份。其中，有效社员农户问卷360份，占样本总量的87%；有效非社员农户问卷55份，占样本总量的13.3%。本次调研所用到的问卷为2份，包括由贫困村资金互助社管理人员进行填写的机构问卷和由村民进行填写的农户问卷。由于正式调研前在乐山市沐川县进行了预调研，以检验问卷问题设计的效度，并在预调研后对于不符合实际的问题以及没有设计到的问题进行了修改和增添，因此，问卷设计具有科学性。此外，调研抽样方法科学，样本具有代表性，样本量大，可以全面有效地反映贫困村资金互助社的绩效。

表6-1　　　　　　　　　调研抽样情况

样本县	样本村
南江	灵官、仙庵、池塘、栗园、石家院
旺苍	中河、铜钱、山花、清水、远景
仪陇	琳瑛、柳树店
沐川	茅坪、杨柳、龙沱、双河、高山、李子

6.2　贫困村资金互助社益贫效果的横向比较

横向比较是指，在固定时间点，对不同县或村的资金互助社的覆盖面和财政资金补贴情况进行比较，并对贫困户与非贫困户参与积极性、借款获利数额、对贫困村资金互助社评价和社区变化评价进行比较。

6.2.1 贫困村资金互助社的覆盖面分析

截至 2015 年 3 月 31 日，本次调研所涉及的旺苍、仪陇、南江和沐川四个县的互助资金扶持情况如表 6-2 所示。数据表明，旺苍、仪陇、南江、沐川四县贫困村资金互助社共发放借款总额逾 2.1 亿元，其中，确定贫困户借款 1 965.64 万元，占借款总额的 9%。这四个县的贫困村资金互助社共发放借款 72 887 笔，受益农户 24 913 户，受益确定贫困户 1 572 户，平均农户扶持率为 93.5%，平均确定贫困户扶持率为 42.8%。单独地从绝对值来看，旺苍县的覆盖面高于另外三个县。但是，就实际的农户扶持率来说，仪陇县是最高的，其次是南江县、旺苍县和沐川县。

表 6-2　旺苍、仪陇、南江、沐川四县的互助资金扶持情况

项目	旺苍县期末	仪陇县期末	南江县期末	沐川县期末
发放借款总额(元)	108 932 590	25 142 122	55 779 995	29 128 800
其中:确定贫困户(元)	9 545 300	100 000	8 645 950	1 365 150
借款总笔数(笔)	40 710	2 242	19 587	10 348
借款户(户)	12 133	1 328	7 402	4 050
其中:确定贫困户(户)	725	2	748	97
农户扶持率	88%	107%	95%	84%
其中:确定贫困户扶持率	66%	8%	66%	31%

数据来源：四川省扶贫和移民工作局

表 6-3 显示了截至 2015 年 3 月 31 日，旺苍、仪陇、南江、沐川四县主要扶持产业的情况。数据表明，旺苍、仪陇、南江、沐川四县互助社主要扶持的产业为养殖业和种植业，其次是工业及加工业、商业及运输业及其他行业。就贫困村资金互助社的种养业而言，旺苍县的扶持力度大于南江县、沐川县和仪陇县。工业及加工业方面，旺苍县贫困村资金互助社的扶持力度仍然是最大的。就商业及运输业而

言，仪陇县贫困村资金互助社的扶持力度高于另外三个县。

表 6-3　　　　　　旺苍、仪陇、南江、沐川主要扶持产业情况

项目	旺苍县	仪陇县	南江县	沐川县
种植业(元)	27 806 080	1 782 440	19 584 150	15 280 000
养殖业(元)	76 472 080	10 189 845	35 463 645	10 144 300
工业及加工业(元)	1 377 000	577 500	144 000	696 000
商业及运输业(元)	2 295 430	4 939 670	344 000	579 500
其他行业(元)	982 000	7 652 667	244 200	2 429 000

数据来源：四川省扶贫和移民工作局

　　表 6-4 显示了截至 2015 年 3 月 31 日，本次调研涉及的能够获得数据的 14 个贫困村资金互助社的农户入社情况。结果表明，14 个贫困村资金互助社共有农户 3 750 户，入社农户 2 734 户，占农户总数的 72.9%；贫困户 841 户，入社贫困户 755 户，占贫困农户总数的 89.8%。农户入社的绝对数量最多的是侯家乡灵官村的贫困村资金互助社，达到 271 户；最少的是天池乡栗园村的贫困村资金互助社，栗园贫困村资金互助社共有 91 户农户入社。农户入社相对数量最多的是五权镇铜钱村的贫困村资金互助社，为 102.2%；最少的是底堡乡龙沱村的贫困村资金互助社，为 53.9%。侯家乡灵官贫困村资金互助社，贫困农户入社的绝对数量最多，为 164 户；幸福乡杨柳贫困村资金互助社，贫困农户入社的绝对数量最少，仅有 10 户，这是因为该村仅有 10 户贫困农户。贫困农户全部入社的村还包括五权镇清水村、铜钱村，幸福乡杨柳村、茅坪村，大楠镇高山村。天池乡池塘村是贫困农户入社率最低的村，为 78.4%。

表6-4   贫困村资金互助社农户入社情况   单位：户

覆盖情况		农户入社情况		贫困户入社情况	
项目村	农户数	贫困户	入社户数	入社率	贫困户数	入社率

项目村	农户数	贫困户	入社户数	入社率	贫困户数	入社率
五权镇中河村	260	88	242	93.1%	87	98.9%
五权镇山花村	267	128	238	89.1%	102	79.7%
五权镇清水村	256	28	207	80.9%	28	100.0%
五权镇铜钱村	225	61	230	102.2%	61	100.0%
普济镇远景村	227	33	209	92.1%	32	97.0%
天池乡池塘村	312	148	198	63.5%	116	78.4%
天池乡栗园村	134	92	91	67.9%	76	82.6%
侯家乡灵官村	288	171	271	94.1%	164	95.9%
幸福乡杨柳村	230	10	144	62.6%	10	100.0%
幸福乡茅坪村	260	12	141	54.2%	12	100.0%
大楠镇高山村	348	19	226	64.9%	19	100.0%
大楠镇李子村	281	21	169	60.1%	20	95.2%
底堡乡龙沱村	360	16	194	53.9%	15	93.8%
永福镇双河村	302	14	174	57.6%	13	92.9%

数据来源：四川省扶贫和移民工作局

表6-5   贫困村资金互助社互助资金扶持情况   单位：户

覆盖情况	扶持情况			
项目村	扶持农户	农户扶持率	扶持贫困户	贫困户扶持率
五权镇中河村	202	83.5%	72	82.8%
五权镇山花村	102	42.9%	42	41.2%
五权镇清水村	212	102.4%	29	103.6%
五权镇铜钱村	223	97.0%	59	96.7%
普济镇远景村	161	77.0%	29	90.6%
天池乡池塘村	232	117.2%	136	117.2%
天池乡栗园村	88	96.7%	74	97.4%
侯家乡灵官村	271	100.0%	164	100.0%

表6-5(续)

覆盖情况	扶持情况			
项目村	扶持农户	农户扶持率	扶持贫困户	贫困户扶持率
幸福乡杨柳村	122	84.7%	5	50.0%
幸福乡茅坪村	77	54.6%	7	58.3%
大楠镇高山村	186	82.3%	14	73.7%
大楠镇李子村	171	101.2%	21	105.0%
底堡乡龙沱村	187	96.4%	8	53.3%
永福镇双河村	119	68.4%	12	92.3%

数据来源：四川省扶贫和移民工作局

表6-5显示了截至2015年3月31日，本次调研涉及的14个贫困村资金互助社的互助资金扶持情况。结果表明，扶持农户和农户扶持率最高的均为天池乡池塘村，其扶持农户数量达到232户，农户扶持率为117.2%。五权镇山花村的贫困村资金互助社，农户扶持率和贫困户扶持率都是最低的，农户扶持率和贫困户扶持率分别为42.9%和41.2%。幸福乡茅坪村扶持农户的绝对数量最少，为77户。侯家乡灵官村扶持贫困户绝对数量最多；幸福乡杨柳村扶持贫困户的绝对数量最少，仅有5户。就贫困户扶持率的相对数量而言，大楠镇李子村最高为105.0%。

6.2.2 贫困村资金互助社的财政资金补贴情况分析

表6-6显示了截至2015年3月31日，旺苍县、仪陇县、南江县和沐川县的财政资金补贴情况。结果表明，就政府补贴的绝对数量来看，旺苍、仪陇、南江、沐川四县的差异较大，但由于各个县成立贫困村资金互助社的数量和筹集到的互助资金总量不同，政府安排财政补贴的绝对数量并不能很客观地反映对各县补贴的实际情况，所以，借助财政补贴占比和各村获得补贴的平均值，来比较四个县的财政资

金补贴情况。财政补贴占比即互助资金总额中的财政补贴占比，在这方面，旺苍县、仪陇县和南江县差别不大，均达到70%以上；仪陇县财政补贴占比最低，仅为24.4%。在各村获得补贴的平均值方面，旺苍县最高，达到18万元以上；仪陇县其次，达到17万元；南江县和沐川县基本持平，差别不大。综上所述，政府对贫困村资金互助社的财政补贴比较公平，仪陇县各村获得补贴的平均值和另外三个县差别不大，财政补贴占比却远低于另外三县，这可能是因为仪陇县通过其他方式获得的互助资金高于其他县。

表6-6　　　旺苍、仪陇、南江、沐川四县财政资金补贴情况

项目县	政府安排（元）	互助金总额（元）	财政补贴占比	村数（个）	各村补贴均值（元）
旺苍县	15 480 000	20 447 230	75.7%	85	182 118
仪陇县	2 219 365	9 104 661	24.4%	13	170 720
南江县	9 558 000	13 083 259	73.1%	62	154 161
沐川县	5 650 000	7 102 372	79.6%	36	156 944

数据来源：四川省扶贫和移民工作局

表6-7显示了截至2015年3月31日，14个贫困村资金互助社财政资金补贴的情况。结果表明，就政府安排的资金来看，最低的是栗园贫困村资金互助社，仅为12万元，最高的清水贫困村资金互助社达到40万元，是栗园贫困村资金互助社的3.3倍，差距非常大。从每户获得财政补贴的平均值来看，差距仍然存在，清水村、中河村和铜钱村最多，每户获得政府补贴超过千元；其他11个贫困村资金互助社之间差别较小。这可能是因为旺苍县在2006年就开始了试点，是四川省最早开始试点的县，贫困村资金互助社发展情况较好，所以政府财政补贴金额提高。从旺苍县山花村贫困村资金互助社政府资金安排情况可以看出，政府的补贴是较为公平的，并不存在县域的差别，政府的财政补贴与贫困村资金互助社发展的实际情况相关。

表 6-7 贫困村资金互助社财政资金补贴情况

项目县	项目村	农户数 （户）	政府安排 （元）	户平均值 （元）
旺苍县	五权镇中河村	260	350 000	1 346
旺苍县	五权镇山花村	267	150 000	562
旺苍县	五权镇清水村	256	400 000	1 563
旺苍县	五权镇铜钱村	225	250 000	1 111
旺苍县	普济镇远景村	227	150 000	661
南江县	天池乡池塘村	312	280 000	897
南江县	天池乡栗园村	134	120 000	896
南江县	侯家乡灵官村	288	250 000	868
沐川县	幸福乡杨柳村	230	200 000	870
沐川县	幸福乡茅坪村	260	150 000	577
沐川县	大楠镇高山村	348	200 000	575
沐川县	大楠镇李子村	281	200 000	712
沐川县	底堡乡龙沱村	360	150 000	417
沐川县	永福镇双河村	302	150 000	497

数据来源：四川省扶贫和移民工作局

6.2.3 贫困村资金互助社借款贫困户与非贫困户情况的比较

该节将从贫困村资金互助社借过款的贫困户与非贫困户的情况做比较，具体包括借款贫困户与非贫困户的参与积极性、借款获利数额、对贫困村资金互助社评价和社区变化评价。在参与本次调研的415 户农户中，参加贫困村资金互助社的有 360 户。在被调查的所有加入了互助社的农户中，共有 314 户农户向贫困村资金互助社借过款，占参加贫困村资金互助社农户的 87.2%。参加贫困村资金互助社的农户中，贫困户有 151 户，非贫困户有 209 户。从贫困村资金互助社借过款的贫困户共有 135 户,占参加了贫困村资金互助社贫困农户的 89.4%;非贫困户共有 178 户,占参加了贫困村资金互助社非贫困户的 85.2%。从贫困村资金互助社借款的比例来看,贫困户略高于非贫困户。这可能是因为非贫困户的家庭经济状况略好于贫困户,借款需求更小,或者是加入贫困村资金互助社的动机具有盲目性,只是看到别人加入,自己才跟着加入。在此,将借过款的 135 户贫困户与另外 178 户非贫困户进行对比。

第一,在参与度上,贫困户与非贫困户的参与度都非常高。在贫困村资金互助社成立前的宣传活动或理事会选举前的各项活动,理事会的选举和投票活动上,贫困户与非贫困户没有很大差异,参与度均非常高。就对贫困村资金互助社提意见或建议而言,非贫困户的积极性略高于贫困户,比贫困户多出 5.4 个百分点。这可能是因为有更多的非贫困户,认为自己对资金互助社的管理有发言权或影响力,他们在个人影响力方面对自己更加自信。具体情况参见表 6-8。

表 6-8   贫困户与非贫困户参与积极性对比

活动	贫困户	非贫困户
参加过贫困村资金互助社成立前的宣传活动或理事会选举前的活动	90.3%	92.6%
参加过理事会选举	84.1%	84.2%
其中:投过票的社员	91.2%	94.6%
认为自己对贫困村资金互助社的管理有发言权或影响	71.7%	79.8%
对贫困村资金互助社管理提过意见或建议	44.1%	49.5%

数据来源:根据实地调研数据整理

第二,在借款获利的数额上,贫困户平均获利 5 279 元,而非贫困户平均获利 8 784 元,两者相差 3 505 元。在获利的空间上,非贫困户远远大于贫困户,贫困户 2014 年获利最多者是 17 000 元,而非贫困户获利最多者则是 55 000 元。从互助资金增加收入占农户 2014

年收入的情况来看,贫困户是 7.3%,非贫困户是 9.8%,两者相差 2.5%。比较而言,贫困村资金互助社对增加非贫困户家庭收入的影响更大。具体情况参见表 6-9。

表 6-9 贫困户与非贫困户借款获利对比 单位:户,元

农户类别	获利数额比较				2014 年户均收入	获利数额占户均收入比例
	农户数量	最小获利	最大获利	平均值		
贫困户	171	−2 000	13 000	5 279	72 075	7.30%
非贫困户	244	−6 000	30 000	8 784	89 805	9.80%

数据来源:根据实地调研数据整理

第三,在对贫困村资金互助社的评价上,分为对管理和社区变化两方面的评价。在对贫困村资金互助社管理的评价方面,贫困户与非贫困户的评价都非常高,贫困农户中,有 97.1% 的农户认为贫困村资金互助社理事会的选举过程公正,97.9% 的农户认为理事会对借款的审批和发放公正和公平,非贫困农户中有 95.7%、93.6% 的农户持同一评价,贫困户的评价略高于非贫困户的评价。在对理事会工作的评价中,有 95.2% 的贫困农户对其工作感到满意,而持同样评价的非贫困农户所占比例则为 97.1%。这可能是由于更多的非贫困农户对贫困村资金互助社提的意见或建议,对理事会的管理产生了影响。因此,他们对贫困村资金互助社的工作满意程度提高。具体情况参见表 6-10。

表 6-10 贫困户与非贫困户对贫困村资金互助社管理的评价对比

项目	贫困户	非贫困户
贫困村资金互助社理事会的选举过程公正	97.1%	95.7%
理事会对借款的审批和发放公正和公平	97.9%	93.6%
对理事会的工作满意	95.2%	97.1%

数据来源:根据实地调研数据整理

在村里有了贫困村资金互助社后，社区变化的评价方面。对与村民、村干部关系变化的评价，贫困农户与非贫困农户差别不大。村里的卫生条件和基础设施、文化活动和参加公共决策的积极性方面，非贫困农户的评价相比贫困农户更加积极。就遇到困难获得别人帮助情况，家里生活质量与两年前相比的情况而言，获得贫困农户肯定的程度不如非贫困农户。就家里生活质量变化情况而言，二者均有肯定评价，非贫困农户肯定程度更高。结合前面贫困户与非贫困户借款获利对比结果，可以说非贫困农户较之于贫困农户而言，更切实地感受到了入社直接带来的经济收益。具体情况参见表6-11。

表6-11   贫困户与非贫困户对社区变化的评价对比

项目	贫困户	非贫困户
村民之间的关系更好了	80.4%	78.1%
村民与村干部之间的关系更好了	82.1%	79.8%
家里遇到困难更容易得到别人的帮助	89.3%	90.5%
村里的卫生条件和基础设施变好了	64.9%	81.8%
村里的文化活动变好了	50.6%	62.0%
村民参与公共决策的积极性更高了	85.7%	88.0%
与两年前相比，家里的生活质量提高了	82.7%	90.9%

数据来源：根据实地调研数据整理

6.2.4　简单讨论

在贫困村资金互助社益贫效果的横向比较中，结果显示借款贫困户与非贫困户的参与积极性都较高，借款获利空间上，非贫困户远远大于贫困户，这与刘金海（2010）的研究结论相一致。在本书的研究结果中发现，贫困户和非贫困户对贫困村资金互助社的评价都较高，但是刘金海（2010）研究结果显示，非贫困户中91.9%肯定了贫困村互助资金的作用效果,贫困户则只占 84.6%,非贫困户对贫困村互助资金的正面评价高于贫困户。产生这种差异的原因是贫困村互助资金在满足农户借款需求方面,对非贫困户的作用要高于贫困户。而在刘金海(2010)的研究中,贫困农户比例少于本书研究数据中的比例,主要是数据样本的差异性造成了结果差异。

6.3 贫困村资金互助社益贫效果的纵向比较

6.3.1 益贫效果的纵向比较

纵向比较是将贫困村资金互助社的成立作为临界点,以贫困村资金互助社成立前农户的基本情况作为参考,从而对比贫困村资金互助社成立后农户的受益情况。贫困村资金互助社试点工作在四川省已经开展近十年,为缓解农户生产发展资金短缺矛盾、增加收入,提高农户理财意识和组织化程度等都起到了积极的、有益的作用。

第一,在农户借款方面,农户加入贫困村资金互助社后借款有效需求明显增加。表 6-12 显示了被调查农户入社前后的借款情况,就能借到款的农户数量而言,旺苍、南江、沐川、仪陇四县在成立贫困村资金互助社后,借款农户数量总共增加了 180 户,旺苍、南江、沐川三县的借款农户的比例分别增加了 52.8%、44.5%、26.1%。获得借款的能力方面,本次调研的结果显示,加入贫困村资金互助社之后,农户在遇到困难时更容易获得借款。在被调查的所有农户中,只有 31.2%的农户明确表示如果没有贫困村资金互助社,能从其他渠道获得不低于通过互助社获得的借款额度;大部分农户都表示无法通过其他渠道获得与贫困村资金互助社同等额度的借款。

表 6-12　　　　　　被调查农户入社前后借款情况比较

项目	旺苍县	南江县	沐川县	仪陇县
一、被调查户数	191	139	65	20
二、从其他渠道借入资金情况				
金融机构借款户数	12	13	10	1
金融机构借款户数比例	6.3%	9.4%	15.4%	5.0%
亲戚朋友借款户数	33	14	20	1
亲戚朋友借款户数比例	17.3%	10.1%	30.8%	5.0%
三、从贫困村资金互助社借入资金情况				
已借款农户数	146	89	47	2
已借款农户数比例	76.4%	64.0%	72.3%	10.0%
农户平均借款次数	1.4	1.1	1.1	1
最多的次数	3	3	3	1

数据来源：根据实地调研数据整理

第二，在借款用途上，贫困村互助资金虽然用途呈现多样化，但主要用于种植业和养殖业。图 6-1 表明，贫困村互助资金用于种植业、养殖业的比例相较入社前大幅提高，用于外出打工的比例略有提高，而用于包括做生意、日常消费、治病、孩子上学、建房子等用途的比例降低。扶贫互助资金在使用上要求村民借款要优先用于发展生产，就用于生产发展的情况来说，与其他借款相比，用于种植业的比例增加了 16%，用于养殖业的比例增加了 23%，如图 6-2 所示。

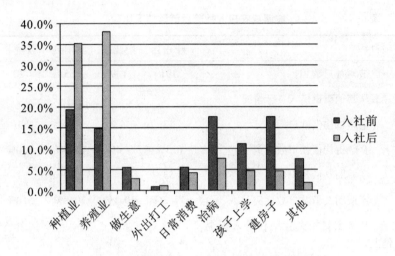

图 6-1　被调查农户入社前后借款用途比较

数据来源：根据实地调研数据整理

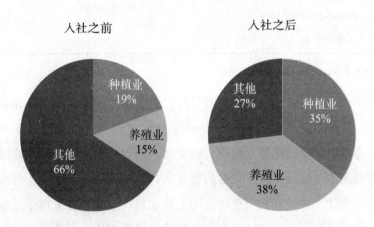

图 6-2　被调查农户入社前后借款用于发展生产的情况

数据来源：根据实地调研数据整理

　　第三，在借款的便利程度上，以往由于农民缺乏有效的抵押担保物，对金融机构复杂的贷款程序不了解而导致借款比较困难。贫困村资金互助社简化了借款程序，方便了农民借款，与当地农村信用社办理借款要 13 道手续和较长的审核时间相比，其优势明显。表 6-13 显示了被调查农户入社前后借款所花费的时间、金钱，结果表明：被调查农户在加入贫困村资金互助社后，借款只跑 1 次的比例上升了 16.7%，平均每趟花费时间在 60 分钟及以内的比例增加了 24.5%，所花交通费在 30 元及以内的比例由 77.3% 提高到了 85.7%。综上所述，加入贫困村资金互助社后，农户借款成本更低，时间更加节约，借款更加方便。

表 6-13   被调查农户借款便利性比较

项目	入社前	入社后
借款只跑 1 次	74.2%	90.9%
平均每趟花费在 60 分钟及以内	63.7%	88.2%
所花交通费在 30 元及以内	77.3%	85.7%

数据来源：根据实地调研数据整理

第四，收入方面，加入贫困村资金互助社之后，大多数农户收入增加。具体地，有 73.8% 的农户入社后收入增加，收入增加情况如表 6-14 所示。结果表明：在所有收入增加的农户中，有 55% 的农户增加的收入在 2 000 元及以下，19% 的农户增加的收入为 2 000 元到 4 000 元（含 4 000），增加的收入在 4 000 元及以下的农户累计占比 74%。贫困村资金互助社虽然提高了农户的收入，但增收幅度有限，大幅增收的如 10 000 元及以上的农户仅占 12.4%。

表 6-14   入社农户收入增加情况

收入增加情况（元）	占增收农户比重
2 000 及以下	55%
2 000 到 4 000（含 4 000）	19%
4 000 到 10 000（含 10 000）	13.6%
10 000 及以上	12.4%

数据来源：根据实地调研数据整理

农户收入没有增加的原因是多种多样的，具体见图6-3。在收入没有增加的农户中，有6.3%因为项目失败，12.5%因为其他技术问题，21.9%因为市场价格下降，7.8%因为其他市场问题，6.3%因为项目没完成，45.4%因为其他原因，比如所栽种的茶叶、核桃、猕猴桃等经济作物尚未投产，或者养殖的生猪还未长大。

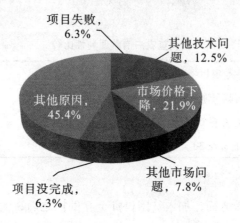

图6-3　农户收入未增加的原因

数据来源：根据实地调研数据整理

第五，加入贫困村资金互助社之后，农户的理财能力得到了提升。这主要表现在三个方面：一是村民自己真正当家理财，互助社成员从打算借款开始就盘算发展什么项目，怎样根据市场信息选择营利性项目，有的村民投资的项目在两三个月内不能产生效益，他们就靠家庭收入或打几天短工来分期还款付占用费。由此可见，贫困村资金互助社真正让农民普遍学会了用别人的钱盈利，让渴望发展但没有资金的农民初步掌握一本"投资经"，理财能力得到锻炼和提高。二是互助社理事会成员学到了基本的金融知识，掌握了财务管理的基本技能。培训帮助理事会的成员学会了记账、计算占用费和电脑操作。三是村民互相学习理财知识。从互助小组成员申请借款开始，小组内成员就一起磋商，建议发展的项目和交流技术，相互监督借款资金的使用、项目的实施和管理，确保联保对象能实现较好收益，如期还款。

第六，成立了贫困村资金互助社之后，村民与村干部之间，村民相互之间建立了互助合作关系，农户的组织化程度提高。一方面，贫困村资金互助社的管理人员大多是村干部，他们以贫困村资金互助社为平台，帮助农户发展生产经营，赢得农户的信任；另一方面，贫困村资金互助社成为增强农户交流联系的纽带，农户自由组成互助小组，互助社申请和发放借款的时间固定，农户均在这一时间段去贫困村资金互助社的办公场所申请领取借款，增加彼此之间的交流，此外，在生产上也有更多交流与互助。

6.3.2 简单讨论

在贫困村资金互助社益贫效果的纵向比较中，本书研究结果中的是否为贫困户不显著，表明它不是农户使用互助资金盈利金额大小的影响因素，这与杨龙（2015）的研究结果不一致。杨龙（2015）的研究结果显示，贫困户使用互助资金在5%水平上显著，而非贫困户则显示不显著，说明互助资金增加了贫困农户的收入，但对非贫困户的收入增加没有显著影响。产生差异的原因在于贫困标准的提高导致大量的中等收入农户和中低收入农户被纳入了贫困农户的范畴，而这部分贫困户存在生产性信贷需求，使得其在贫困村互助资金中受益更多。

6.4 贫困村资金互助社益贫效果的影响因素分析

本节采用两步模型对贫困村资金互助社益贫效果的影响因素进行分析，并且将是否参加培训作为一个参照变量，将参加过培训和没有参加过培训的分别做计量模型进行比较分析。第一步采用 Probi 模型分析农户是否使用过贫困村互助资金，即农户是否从贫困村资金互助社借过款，第二步采用多元线性回归模型分析农户使用贫困村互助资金盈利金额大小的影响因素。数据来源参见第五章数据来源部分。

6.4.1 变量的选取与定义

从现有的研究成果可以看出，益贫效果的影响因素主要包括内在与外在两方面。内在因素即农户自身的因素，比如户主年龄、家庭劳动力数量、家庭收成情况、是否为贫困户、受教育年限、资金用途、生产性收入、是否外出务工、是否有经营性活动、是否参加培训及是否加入生产合作社；外在因素即农村金融机构的因素，比如累计发放给农户的借款金额、借款期限、借款利率等。但是需要特别说明的是贫困村资金互助社的资金占用费率有一个确定的标准并且是由上级主管部门确定好的，各个执行部门只需按照相关规定执行，并且借款的期限一般为一年，借款金额都是小额贷款，基本上都采用农户小组联保和信用借款的形式。农户对借款的发放速度以及对互助组织的组织管理都感到很满意并且有很高的评价，所以本书主要考虑农户的自身因素来进行计量模型分析。

本书将纳入计量模型分析的指标有 12 个，分别为户主年龄、家庭劳动力数量、是否为贫困户、收成情况、户主受教育年限、资金用途、累计借款金额、生产性收入、外出务工情况、是否有经营活动、是否参加过培训、是否加入生产合作社。各个指标的具体定义和说明如表 6-15 所示。

表 6-15　　　　　　　　　　模型的变量定义和统计性描述

变量	变量名称	变量定义	预期影响方向	均值
y	是否借款	$y=0$ 否 $y=1$ 是	——	0.65
x_1	户主年龄	连续变量	反	53.7
x_2	家庭劳动力数量	连续变量	正	3
x_3	是否为贫困户	$x_3=1$ 是 $x_3=2$ 否	——	1.6
x_4	收成情况	$x_4=1$ 好 $x_4=2$ 一般 $x_4=3$ 差	反	1.9
x_5	户主受教育年限	连续变量	正	7.1
x_6	资金用途	$x_6=1$ 买生产资料 $x_6=2$ 治病 $x_6=3$ 孩子上学 $x_6=4$ 建房子	——	1.3
x_7	累计借款金额	连续变量	正	10 630
x_8	生产性收入	连续变量	正	132 067
x_9	是否外出务工	$x_9=1$ 是 $x_9=2$ 否	负	1.4
x_{10}	是否有经营性活动	$x_{10}=1$ 是 $x_{10}=2$ 否	正	1.8
x_{11}	是否参加培训	$x_{11}=1$ 是 $x_{11}=2$ 否	正	1.4
x_{12}	是否加入合作社	$x_{12}=1$ 是 $x_{12}=2$ 否	正	1.6

6.4.2　实证分析与讨论

本书采用两步模型代替直接将农户使用贫困村互助资金的盈利金额作为因变量，对贫困村资金互助社的益贫效果进行分析，以更好地验证各个因素对益贫效果的影响，并且将是否参加培训作为一个参照变量，将参加过培训和没有参加过培训分别做计量模型并进行比较分析。第一步采用 Probit 模型分析农户是否使用过贫困村互助资金，即农户是否从贫困村资金互助社借过款，第二步通过建立多元线性回归模型分析农户使用互助资金盈利金额的大小的影响因素。

第一步建立 Probit 模型，模型的因变量为农户是否从互助社借款，自变量为上述 12 个影响因素，如下：

$$prob(y=1|x_1,x_2,\cdots,x_{12})=1-\varphi\left[-(\beta_0+\beta_1x_1+\beta_2x_2+\cdots+\beta_{12}x_{12})\right]$$
$$=\varphi(\beta_0+\beta_1x_1+\beta_2x_2+\cdots+\beta_{12}x_{12})$$

其中，y 为被解释变量，表示农户使用互助资金是否盈利。若农户使用贫困村互助资金盈利，则 $y=1$；反之，$y=0$。y 为标准正态累积分布函数；β_0 是常数项，x_1，x_2，$\cdots$，x_{12} 分别为上述 12 个影响因素，是解释变量，β_1，β_2，$\cdots$，β_{12} 是解释变量的回归系数，是模型的估计参数。

在 415 份有效问卷中，有 360 户农户是加入贫困村资金互助社的社员，因此纳入该计量模型的样本数为 360 个，但因没有从贫困村资金互助社借过款的农户不存在资金的用途和累计借款金额这两个因素，所以第一步排除这两个因素用其余的 10 个变量来进行计量模型分析。根据上述模型，本书通过使用 Eviews11.0 软件，对农户数据进行 Probit 回归，分析农户是否使用贫困村互助资金的影响因素，结果如表 6-16 所示。

表6-16　　　　　　　Probit 模型回归结果

Variable	Coefficient	Std. Error	z-Statistic	Prob.	Variable	Coefficient	Std. Error	z-Statistic	Prob.
C	2.26	1.03	2.20	0.03***	C	1.77	0.99	1.79	0.07*
户主年龄	-0.00	0.02	-0.42	0.68	户主年龄	-0.00	0.01	-0.19	0.85
劳动力数量	-0.19	0.08	-2.31	0.02***	劳动力数量	-0.17	0.08	-2.17	0.03***
是否贫困户	0.32	0.16	1.97	0.05**	是否贫困户	0.25	0.16	1.60	0.11
收成情况	0.15	0.13	1.19	0.23	收成情况	0.15	0.13	1.16	0.25
户主教育年限	-0.01	0.03	-0.46	0.65	户主教育年限	0.00	0.03	0.09	0.93
生产性收入	8.14E-06	8.23E-06	0.99	0.32	生产性收入	8.13E-06	7.97E-06	1.02	0.31
是否务工	-0.34	0.17	-1.99	0.05**	是否务工	-0.38	0.17	-2.21	0.03***
是否经营性活动	-0.31	0.29	-1.04	0.29	是否经营性活动	-0.34	0.29	-1.18	0.24
是否参加培训	-0.37	0.16	-2.30	0.02***					
是否加入合作社	0.01	0.16	0.07	0.94	是否加入合作社	-0.04	0.16	-0.24	0.81

注：* 表示 90% 置信水平下显著，** 表示 95% 置信水平下显著，*** 表示 99% 置信水平下显著，下表同

　　Probit 回归结果表明，在参加过培训的情况下，家庭劳动力数量、是否为贫困户、是否外出务工和是否参加培训四个影响因素通过了显著性检验，而户主年龄、收成情况、户主受教育年限、生产性收入、是否有经营性活动、是否加入生产合作社这六个因素没有通过显著性检验。在没有参加过培训的情况下，只有劳动力数量和是否务工这两个因素通过了显著性检验。而劳动力数量和是否务工这两个因素不管有没有参加培训都是显著的。

　　对益贫效果影响因素分析的第二步，是将农户使用互助资金盈利金额作为因变量，表 6-15 的 12 个变量为自变量进行多元线性回归分析，回归模型如下：

$$Y = \alpha + \beta_1 x_1 + \beta_2 x_2 + \cdots + \beta_{12} x_{12}$$

　　因变量 Y 表示农户使用互助资金盈利金额，x_1 表示户主年龄，x_2 表示家庭劳动力数量，x_3 表示收成情况，x_4 表示户主受教育年限，x_5 表示资金用途，x_6 表示累计借款金额，x_{11} 表示是否参加培训，x_{12} 表示是否加入合作社。β_1，β_2，$\cdots$，β_{12} 是解释变量的回归系数，是模型的估计参数。

　　在接受调查的农户中，使用过互助资金的农户一共有 314 户，所以纳入此模型的是这 314 户的数据。根据以上说明建立多元线性回归模型如表 6-17 所示。

表6-17　多元线性回归模型结果

Variable	Coefficient	Std. Error	t-Statistic	Prob.
C	-11 355.08	10 933.59	-1.03	0.30
户主年龄	-279.76	126.78	-2.20	0.02***
劳动力数量	5 845.58	1 389.41	4.20	0.00***
是否贫困户	2 942.41	2 746.72	1.07	0.28
收成情况	596.40	2 094.09	0.28	0.77
户主受教育年限	1 553.10	513.57	3.02	0.00***
资金用途	-29.75	1 837.66	-0.01	0.98
累计借款金额	0.23	0.10	2.26	0.02***
生产性收入	0.00	0.00	1.18	0.23
是否务工	-4 792.82	2 903.98	-1.65	0.10
是否经营性活动	11 093.63	4 120.97	2.69	0.00***
是否参加培训	3 336.77	2 771.48	1.20	0.22
是否加入合作社	4 315.35	2 749.07	1.56	0.11

Variable	Coefficient	Std. Error	t-Statistic	Prob.
C	-11 522.56	10 942.45	-1.05	0.29
户主年龄	-270.48	126.66	-2.13	0.03**
劳动力数量	5 885.80	1 390.25	4.23	0.00***
是否贫困户	3 538.92	2 704.08	1.30	0.19
收成情况	460.77	2 092.92	0.22	0.82
户主受教育年限	1 688.62	501.53	3.36	0.00***
资金用途	-83.07	1 838.76	-0.04	0.96
累计借款金额	0.24	0.10	2.41	0.01***
生产性收入	0.00	0.00	1.10	0.27
是否务工	-4 441.43	2 891.85	-1.53	0.12
是否经营性活动	11 438.92	4 114.65	2.78	0.00***
是否加入合作社	4 807.19	2 720.97	1.76	0.07***

多元线性回归结果表明，在参加过培训的情况下，户主年龄、家庭劳动力数量、户主受教育年限、累计借款金额、是否有经营性活动五个变量通过显著性检验，均在90%的置信水平下显著，因此是影响农户使用贫困村互助资金盈利金额大小的显著因素；而是否是贫困户、收成情况、资金用途、生产性收入、是否务工、是否参加培训、是否加入合作社七个变量不显著，表明它们不是影响农户使用贫困村互助资金赢利金额大小的影响因素。在没有参加过培训的情况下，户主年龄、家庭劳动力数量、户主受教育年限、累计借款金额、是否有经营性活动、是否加入合作社六个变量显著，而是否是贫困户、收成情况、资金用途、生产性收入、是否务工、是否参加培训六个变量没有通过显著性检验。有无参加培训对农户是否盈利的影响不是很大，而是否加入合作社对农户是否盈利有一定的影响。

综合第一步和第二步的回归结果来看，家庭劳动力数量在是否参加培训的情况下既是影响农户是否使用互助资金的显著因素，也是影响农户使用互助资金盈利金额大小的影响因素。收成情况、资金用途、生产性收入三个变量既不是影响农户是否使用互助资金的显著性因素，也不是影响农户使用互助资金盈利金额大小的显著影响因素。

首先，贫困村资金互助社的最终目的是帮助农户获得资金并运用这些资金来发展生产，从而增加收入并逐步缩小收入差距，减少贫困从而达到益贫、扶贫的效果，特别是帮助贫困农户获得生产资金，提高他们的收入。所以是否是贫困户是影响农户是否使用贫困村互助资金的显著性因素。其次，农户的累计借款金额对贫困村资金互助社的益贫效果是有一定影响的，因为农户的借款金额越大说明他们借款的次数越多，代表他们懂得很好地运用贫困村互助资金，并且也能获得一定的利润。户主年龄、家庭劳动力数量、户主受教育年限体现了成员间的异质性差异与盈利能力，因为年纪轻的劳动能力较强，思想更开放，更有激情和闯劲，同时他们通常都有老人和小孩需要抚养，家庭负担较重，所以也更有动力使用好贫困村互助资金。而家庭劳动力数量较多，生产能力也相应更强。户主的受教育程度越高，对贫困村资金互助社的认知程度越高，并且越能掌握生产技术及市场的发展趋势。因此户主年龄、家庭劳动力数量、户主受教育年限是影响益贫效果的显著因素，这是符合实际的。而参加培训可以提高农户的养殖、种植技术，掌握更多的知识，从而提高了他们的生产能力；加入生产合作组织的农户可以跟其他农户合作，并且生产合作组织可以解决农产品的销路问题，具有进入市场方面的优势，所以是否参加过培训和是否加入生产合作组织也是益贫效果的显著影响因素。外出务工的农户在外面见识的东西比较多，并且也都是比较年轻的，所以他们更懂得国家的"三农"政策，也能更好地利用这些政策，所以也是益贫效果的显著影响因素。

理论方面来讲，生产收入越高，农户盈利的可能性越大，但是实证检验结果并不认为它是益贫效果的显著影响因素，可能的原因是农户的生产成本过高，扣除掉生产成本利润并不高。而在资金的用途方面，农户如果将资金用于购买发展生产所需的资料，那么就可能给他们带来直接的经济收入，而如果是用来建房、治病、孩子上学的话，并不能给他们带来直接的经济收入，而且还会带来一定的还款压力，所以资金的用途也不是益贫效果的显著影响因素。

6.5 本章小结

贫困村资金互助社益贫效果的横向比较结果表明：就覆盖面来说，贫困村资金互助社主要为农户的产业发展提供资金支持，无论是贫困户还是非贫困户均是互助社的受益者，虽然具体的借款总额、农户扶持数量和扶持率、贫困户扶持数量和扶持率，调研涉及的旺苍、仪陇、南江、沐川四县，以及可获得数据的 14 个贫困村资金互助社存在差异，但总的农户扶持率和贫困户扶持率都是较高的，覆盖面广。就财政资金补贴情况来说，政府的财政补贴额度是基于贫困村资金互助社发展的实际情况来定的，所以政府的补贴是较为公平的。就借款贫困户与非贫困户的比较来说，在参与积极性上，贫困户与非贫困户的参与积极性都非常高。在借款获利的数额上，非贫困户远远大于贫困户。在对贫困村资金互助社的评价上，贫困户对贫困村资金互助社管理的评价略高于非贫困户，非贫困农户对理事会工作的评价略高于贫困户。在村里有了资金互助社后，社区变化的评价方面，非贫困户的评价高于贫困户。

贫困村资金互助社益贫效果的纵向比较结果表明：贫困村资金互助社的存在，在缓解农户生产发展资金短缺矛盾，增加收入，增强农户理财意识和提高组织化程度等方面起到了积极的、有益的作用。

对贫困村资金互助社益贫效果的影响因素的分析结果表明：农户是否从互助社借款受家庭劳动力数量、是否为贫困户、是否外出务工、是否参加培训四个方面的影响，农户使用互助资金盈利金额的大小主要受户主年龄、家庭劳动力数量、户主受教育年限、累计借款金额、是否有经营性活动、是否加入生产合作社六个因素的影响，而是否是贫困户、收成情况、资金用途、生产性收入、是否务工、是否参加培训对贫困村资金互助社益贫效果的影响不显著。

7 贫困村资金互助社的风险防范及监管创新研究

由于贫困村资金互助社的存在不以盈利为根本目的，其主要意义在于扶贫，这就使得贫困村资金互助社具有一定的公益性质，不同于一般农村金融机构。贫困村资金互助社的服务对象是农户，其风险有着自身的特点，对其风险及相关问题的研究就显得十分有意义和必要。本章围绕贫困村资金互助社的风险问题，阐述了互助社面临的外部风险和内部风险，以及由这些风险透露出的互助社发展过程中存在的一些问题及风险防范和监管创新。

7.1 贫困村资金互助社面临的风险

贫困村资金互助社面临着外部风险和内部风险。外部风险一般具有系统性，将风险进行化解和分散的难度较大，通常受到经济发展状况及经济金融制度的约束。内部风险具有可控性，可以通过实行多样化的策略来避免遭受损失。其中，外部风险包括信用风险、政策风险、自然风险和市场风险，内部风险包括操作风险和流动性风险。

7.1.1 外部风险

7.1.1.1 信用风险

信用风险是指交易对手不能正常履约而造成损失的风险。信用风险是金融机构面临的主要风险，贫困村资金互助社为农民社员提供服务，面临复杂的农村金融生态环境，加上相关金融法律不完善，使得其信用风险加剧。根据《贫困村村级互助资金操作指南》，贫困村资金互助社的资金主要用于发放社员借款，因此，贫困村资金互助社的信用风险是指借款社员违约带来的损失。

表 7-1 显示了本次调研所涉及的四个县，即广元市旺苍县、南充市仪陇县、巴中市南江县和乐山市沐川县，截至 2015 年 3 月 31 日的借款逾期情况。四个县中，只有旺苍县的借款余额在十万元以上，另外三个县的借款余额均低于十万元。四个县中，旺苍、仪陇、南江三县的贫困村资金互助社存在借款逾期的情况，并且仪陇县的借款逾期情况最为严重，其逾期金额最高，达六十五万元之多；只有沐川县贫困村互助社社员按时归还了所有借款。旺苍县、仪陇县和南江县的逾期借款笔数分别为 31 笔、36 笔和 1 笔，逾期率分别为 0.8%、7.8% 和 0.6%，风险借款率分别为 0.8%、6.6% 和 0.6%。

表 7-1　　　旺苍、仪陇、南江、沐川四县借款逾期情况　　　单位：元

项目县	借款余额	风险借款余额	逾期金额	逾期笔数	逾期率	风险借款率
旺苍县	14 382 233	119 207	110 207	31	0.8%	0.8%
仪陇县	8 365 795	549 700	652 700	36	7.8%	6.6%
南江县	8 397 635	50 000	50 000	1	0.6%	0.6%
沐川县	3 972 855	—	—	0	—	—
总计	35 118 518	718 907	812 907	68	2.3%	2.0%

数据来源：四川省扶贫和移民工作局

　　表 7-2 显示了广元市旺苍县、南充市仪陇县和巴中市南江县，截至 2015 年 3 月 31 日的逾期账龄情况。南江县仅有 1 笔借款逾期，逾期账龄在半年以上一年以内。旺苍县有 12 笔借款逾期，逾期账龄在半年以内，6 笔逾期账龄在半年以上一年以内，1 笔在一年半以上两年以内，12 笔在两年以上。仪陇县有 25 笔借款逾期且逾期账龄在半年以内，逾期账龄在半年以上一年以内、两年以上的均有 5 笔，逾期账龄在一年半以上两年以内的有 1 笔。三个县总共存在 68 笔逾期借款，其中逾期在 6 个月以内的借款共 37 笔，占逾期借款总笔数的 54.4%；逾期 6~12 个月的借款 12 笔，占逾期借款总笔数的 17.6%；逾期 18~24 个月的借款 2 笔，占逾期借款总笔数的 3%；逾期 24 个月以上的借款共 17 笔，占逾期借款总笔数的 25%。

表 7-2　　　　　旺苍、仪陇、南江三县的逾期账龄情况　　　　　单位：笔

项目县	6 月个以内	6~12 个月	12~18 个月	18~24 个月	24 个月以上
南江县	0	1	0	0	0
旺苍县	12	6	0	1	12
仪陇县	25	5	0	1	5
总计	37	12	0	2	17

数据来源：四川省扶贫和移民工作局

　　由此不难看出，不论是贫困村资金互助社发展得较好的南江县、发展得较早的旺苍县，有分红模式的仪陇县还是发展得较差的沐川县，无论其发展程度的好坏，试点时间的早晚，模式的差异，都面临着信用风险。虽然贫困村资金互助社是封闭运行的社区性金融服务组织，社员联保制度有利于降低社员的违约风险，但由于缺少规范的信用制度建设，信用风险难以杜绝，并且其仍然是贫困村资金互助社面临的主要风险。

　　贫困村资金互助社的信用风险有着自身的特点。一是影响有限。

影响有限是指贫困村资金互助社发生信用风险的影响范围有限，贫困村资金互助社是封闭运行的社区性金融服务组织，在某一行政村范围内建立，服务对象仅为该村村民，信用风险影响范围小。二是农民是主体。贫困村资金互助社服务于该社社员，社员只能是行政村的村民。三是涉及金额小。与其他金融机构相比，四川省贫困地区资金互助社的借款金额从 500 元到 5 000 元不等，涉及的金额很小。以本次调查涉及的贫困村资金互助社为例，农户的借款需求和借款额度限制均较低，互助金总额最多达几十万元，没有上百万元的，具体情况参见表 7-3。贫困村资金互助社借款风险的涉险金额小是目前最突出的特点。表 7-3 显示了截至 2015 年 3 月 31 日，本次调研所涉及的获得数据的 14 个项目村贫困村资金互助社的借款情况。四是信用风险类别单一。贫困村资金互助社的信用风险多是借出的资金不能收回或不能按时收回而造成损失的可能性，即违约风险。因为贫困村资金互助社的主要服务项目就是为社员提供借款，自然其风险主要来自于社员不能如期归还借款。本次调研所涉及的贫困村资金互助社，其汇总材料均显示不存在逾期借款，即借款到期收回率为 100%；入社农户问卷调查数据统计结果显示借款还清的比率为 79.3%，两个统计口径之间存在一定差异。究其原因，可能是进行调查的时间尚未到农户归还借款的截止日期，所得的数据实质上是截止调查时间还清借款的比率，而非到期借款还清的比率。

因此，调研地贫困村资金互助社总体上借款到期回收率高，但仍然存在一些逾期借款的情况，综上所述，信用风险较小。

表 7-3 贫困村资金互助社借出率 单位：元

项目市	项目县	项目村	借款余额	互助金总额	借出率
广元市	旺苍县	五权镇中河村	419 250	452 167	92.72%
广元市	旺苍县	五权镇山花村	8 100	185 942	4.36%
广元市	旺苍县	五权镇清水村	552 500	533 767	103.51%

表7-3(续)

项目市	项目县	项目村	借款余额	互助金总额	借出率
广元市	旺苍县	五权镇铜钱村	345 700	337 700	102.37%
广元市	旺苍县	普济镇远景村	228 620	235 978	96.88%
巴中市	南江县	天池乡池塘村	168 650	363 578	46.39%
巴中市	南江县	天池乡栗园村	136 500	164 759	82.85%
巴中市	南江县	侯家乡灵官村	192 250	348 473	55.17%
乐山市	沐川县	幸福乡杨柳村	167 000	252 651	66.10%
乐山市	沐川县	幸福乡茅坪村	72 300	197 338	36.64%
乐山市	沐川县	大楠镇高山村	280 400	282 000	99.43%
乐山市	沐川县	大楠镇李子村	219 300	258 610	84.80%
乐山市	沐川县	底堡乡龙沱村	118 100	211 526	55.83%
乐山市	沐川县	永福镇双河村	171 500	187 933	91.26%

数据来源：根据实地调研数据整理所得

7.1.1.2 政策风险

贫困村资金互助社的政策风险主要是指政府有关贫困村资金互助社的政策发生重大变化，对其造成损失或对其发展不利的风险。主要表现在以下三个方面。

一是表现在政府对贫困村资金互助社的监管方面。政府对监管度的把握十分重要，过度监管和监管不力都会阻碍贫困村资金互助社的健康发展。现实中贫困村资金互助社由省、市、县、乡监管机构监管，潜在的行政干预风险大。另外一些县由于试点规模小，仅1~2个村，得不到领导的关注和重视，又存在监管不力的现象。

二是财政补贴是贫困村互助资金的主要来源。当前我国大力推行金融扶贫，而贫困村资金互助社被认为是有效的金融扶贫模式，所以政府对其支持力度大，但我国农村经济金融发展具有不稳定性，宏观政策随着金融大环境的变化发生调整。也就是说，政府通过财政资金大力支持贫困村资金互助社发展的情况，可能随着农村宏观金融环境的变化而改变，进而导致风险失控。

三是贫困村资金互助社是在政策引导下成长起来的，成立的初衷是以政府财政资金投入带动其他主体投入，从而缓解贫困村农户贷款难的问题，帮助其发展生产经营，实现可持续发展。提高农户的理财能力，促进家庭发展，进而促进贫困地区新农村建设。因此，政府在政策层面给予了贫困村资金互助社相当大的支持。但是一些贫困村资金互助社背离了政府主管部门的政策意图，在经营过程中走的是为富人借款的道路，对真正贫困的农户支持力度小，使其容易走上"一放就活，一活就乱，一乱就管，一管就死"的恶性循环。

7.1.1.3 自然风险

贫困村资金互助社的自然风险是指发生对农业生产造成重大影响的自然灾害，如洪水、旱灾、流行疾病等，或局部地质灾害，如山体滑坡、泥石流等，导致社员自然资本、人力资本丧失，借款不能收回的可能性。

7.1.1.4 市场风险

贫困村资金互助社的市场风险是指在农业生产和农产品销售过程中，由于市场本身原因如价格波动等或对市场预期失误对农户造成经济损失，借款无法收回的可能性。

7.1.2 内部风险

7.1.2.1 操作风险

贫困村资金互助社的操作风险分为两类：贫困村资金互助社的操作风险和政府的操作风险。

贫困村资金互助社的操作风险表现为：一是贫困村资金互助社管

理者的道德风险，主要指管理者不遵守贫困村资金互助社的制度章程，违规操作发放借款。二是管理风险，因为贫困村资金互助社管理成员大多都是本村的农民，学历水平普遍不高，本次调研的所有贫困村资金互助社管理人员中，初中及以下学历的管理者占到 86.4%，他们并不具备经营管理所需要的专业素质，进而不利于贫困村资金互助社的资金循环。表 7-4 表明了截至 2015 年 3 月 31 日，旺苍、仪陇、南江和沐川四县贫困村资金互助社的违规情况。四县 196 个项目村中总借款户数共有 24 913 户，存在借款违规现象的有 269 户，占总借款户数的 1.1%，违规率最高的是仪陇县，达 20.1%。借款重置嫌疑 24户，占借款违规户的 8.9%；限额违规户 236 户，占借款违规户的87.7%；前账不清续借 9 户，占借款违规户的 3.4%。

表 7-4　　　　　旺苍、仪陇、南江、沐川四县违规情况　　　　　单位：户

项目县	村数	借款户数	借款重置嫌疑户	限额违规户	前账不清续借户	违规总户数	违规率
旺苍县	85	12 133	0	1	0	1	0.0%
仪陇县	13	1 328	24	234	9	267	20.1%
南江县	62	7 402	0	0	0	0	0.0%
沐川县	36	4 050	0	1	0	1	0.0%

数据来源：四川省扶贫和移民工作局

政府的操作风险表现为：一是政府的道德风险，主要是指政府通过制定法律和规范，间接地影响信用风险和贫困村资金互助社操作风险发生的概率。贫困村资金互助社在发展初期，不具备自我可持续发展的能力，需要政府补贴以维持机构的运营，政府没有按照规定为贫困村资金互助社提供补贴，即为政府的道德风险。二是政府的监管风险。贫困村资金互助社的管理人员或者社员都有道德风险，因此需要政府的监管来降低道德风险发生的概率。政府监管很重要的一种手段就是通过制定规则制度对此进行约束，若规则制度设计不够健全，将

不能产生正向激励作用，反而可能促使推动管理者和社员做出有违政府心愿的事，致使贫困村资金互助社的资金循环难以维持。

7.1.2.2　流动性风险

贫困村资金互助社的流动性风险是指互助资金无法满足社员的融资需求，互助资金流动性不足的风险。贫困村资金互助社的流动风险由以下几方面原因导致：一是社员退社，抽走入社时缴纳的互助金；二是社员违约，逾期还款或无法还款造成可借资金规模减小，不能满足其他社员的借款需求；三是特殊的制度安排，一旦社员借款规模超过社内资金规模，贫困村资金互助社不能通过向正规金融机构融资来解决问题。

7.2　存在问题

一是贫困村资金互助社监管人员素质参差不齐。贫困村资金互助社的工作周期长、任务重，对相关工作人员的责任要求高，由于其是贫困地区的基层单位，招揽具有专业素养的工作人员十分困难，同时，人员的流动性大，难以监督管理好互助资金。

二是监督管理不到位。在贫困村资金互助社发展的前几年，试点过快，摊子铺得有些宽，导致相关部门的工作开展速度跟不上贫困村资金互助社的发展。对此，四川省已经出台了《四川省贫困村互助资金试点退出管理（暂行）办法》，指导由于各种原因没有必要、主观上不愿意或无法继续试点的互助社退出工作，使这个问题得到了很大改善。

三是在项目实施管理和软件应用的过程中，财务核算缺乏严谨性，导致政府不能有效地监管。主要表现在：账实不符，财务软件上的记账没有原始凭证，由于原始单据和凭证是贫困村资金互助社拥有的，而财务软件上的数据是乡镇管理人员负责录入的，实践中经常发生贫困村资金互助社没有提交原始凭证给乡镇管理人员，而乡镇管理人员完成了财务数据录入，这就可能导致软件上的财务数据和实际发生不符；错记业务，由于部分工作人员缺乏财务记账方面的专业素养，可能出现会计分录方向写错，如实际中，就有可能将负债类业务期末余额记在借方；漏记业务，实际发生的业务未予记录在账务上，如实际中就有银行存款的利息收入等发生了的业务没有被记录的情况；不对账，应该及时对前一个会计周期的交易信息进行核对，确认正确性和一致性，但实际中经常没有及时对账，很长一段时间后才发现账实不符的情况，又由于缺乏专业技能不能准确调账。

7.3　风险防范及监管创新

贫困村资金互助社借助以下几种方法控制风险，一是在借还款方式上：①借款额度由小而大；①联保小组至少三分之一的成员不能同时借款；②对不能按时还款的借款人或负有连带责任的人停止发放借款并依法追究相应责任；④对无特殊原因的逾期借款，提高占用费率；⑤评定借款户的信用等级，并在社区内公示；⑥妇女有优先借款权；⑦保留法律起诉的权利。二是提取风险准备金。三是由省级财政出资设立风险专项资金，用于保证贫困村互助资金的正常运行。风险专项资金在发生以下情况时方可申请使用：发生对农业生产造成重大影响的自然灾害或因国家政策要求进行清算，贫困村资金互助社自提的风险准备金已不足以核销。四是设计了退出机制，对于违规运营或无法继续正常运转下去的贫困村资金互助社予以退出。

为了更好地对贫困村资金互助社的资金使用情况进行监管，四川省建立了由省到村的垂直监督体系，并开发了财务软件，上级管理部门可以随时掌握贫困村资金互助社的资金动态信息；理事会设监督小组，监督资金运行的合理性；5~7户的互助小组对资金使用和按期还款进行监督；实行村务公开，理事会每月定期将互助资金财务状况上墙公示，接受广大村民监督。

7.4　本章小结

贫困村资金互助社是典型的农村信用合作组织，具有互助性和自发性，不以盈利为根本目的，存在的主要意义在于扶贫。贫困村资金互助社的服务对象是农户，其风险有着自身的特点。

就贫困村资金互助社面临的风险来说，有信用风险、政策风险、自然风险、操作风险等外部和内部风险。贫困村资金互助社的信用风险具有影响有限、主体为农民、涉及金额小和信用风险类别单一的特点。调研地贫困村资金互助社的信用风险较小，所发生的信用风险多属于违约风险。政策风险主要体现在三个方面：政府监管方面存在过度监管或者监管不力的问题；贫困村资金互助社的资金来源中财政资金占有相当比重，易受政策变化影响；一些贫困村资金互助社背离政府主管部门的政策意图，对真正贫困的农户支持力度小。操作风险体现在贫困村资金互助社层面和政府层面，贫困村资金互助社的操作风险具体体现在管理者的道德风险和管理风险上；政府的操作风险体现在政府的道德风险和监管风险上。

就存在的问题来说，贫困村资金互助社在人员素质、监管和财务核算等方面均有不足之处。就风险监管存在的具体问题而言，一是贫困村资金互助社监管人员素质参差不齐；二是监督管理不到位；三是在项目实施管理和软件应用过程中，财务核算缺乏严谨性导致不能有效地监管。

就风险防范及监管创新来说，主管部门制定了一系列的风险防范措施。制度设计上包括借还款方式上的系列措施，提取风险准备金，设立风险专项资金和设计退出机制。贫困村资金互助社的资金使用情况监管上，建立了垂直监督体系并开发财务软件，设置监督小组、互助小组，实行村务公开。

8 四川贫困村资金互助社创新发展的具体实践

本章基于课题组对四川省早期试点的贫困村资金互助社的典型调查分析，探讨了该类贫困村资金互助社发展的基本情况，在发展过程中存在的主要问题，以及各地在创新贫困村资金互助社发展过程中，在扩大资金来源渠道、保障互助资金安全、贫困村资金互助社发展的激励机制、创新贫困村资金互助社发展方式等方面的重要探索。

8.1 早期试点地区贫困村资金互助社发展的基本情况

南江和旺苍地处秦巴山区，属国家划定的秦巴山连片特困地区，也是四川贫困村资金互助社试点发展以来最具典型意义和代表性的两个县，其发展现状不仅有着共性，也存在着各自的特点。

首先，两县贫困村资金互助社总体规模较大。截至 2015 年 6 月，南江县共有 62 个贫困村资金互助社试点村，互助资金总额 1 308.3 万元，建有互助小组 1 119 个，农户入社率 66%。旺苍县的贫困村资金互助社在项目覆盖、互助资金总额、农户入社水平等方面高于南江县。同期，旺苍县共有 85 个贫困村资金互助社试点村，互助资金总额 2 054.2 万元，建有互助小组 2 357 个，农户入社率 100%。

其次，贫困村资金互助社对于贫困村农民小额资金拆借作用突出。截至 2015 年 6 月，南江县累计发放借款 7 402 户，19 587 笔共 5 577.9 万元，累计还款 4 738.2 万元，还款率达（含提前还款）111%，占用费收入 274.7 万元。旺苍县累计发放借款 12 209 户，42 429 笔共 11 502.2 万元，累计还款 10 107.9 万元，还款率达（含提前还款）123%，占用费收入 563.1 万元。

第三，贫困村资金互助社对当地产业发展投入可观。截至 2014 年年底，南江县全县贫困村资金互助社共投入 2 279.7 万元用于扶持当地种植业，投入 3 957.3 万元用于扶持当地养殖业。旺苍县分别投入 2 597.6 万元和 7 192.2 万元用于扶持当地种植业和养殖业。

第四，贫困村资金互助社在一定程度上强化了农户生产经营的组织化程度。互助社以互助小组作为入社农户的纽带，通过建立风险共担机制，将入社农户的利益关联起来，一定程度上改变了小规模分散化的农业生产经营的弱势地位，提高了农户的组织化程度，在一定程度上推动了集体经济的孕育和发展。

8.2 贫困村资金互助社发展过程中存在的主要问题

贫困村资金互助社试点以来在满足贫困户资金需求、助推产业发展方面发挥了一定作用，但贫困村资金互助社运行，以及其制度本身都存在的诸多问题仍然需要被提出和探讨。

第一，资金供需不对称问题突出。有研究认为，贫困村资金互助社能够在一定程度上解决农村资金供需不对称问题（王苇航，2008）。但从当前情况来看，试点的贫困地区的情况并非如此。一方面，农业生产明显的季节性特征，使不同产业在不同季节资金的集中需求程度产生差异，不同地域间及季间的资金供需产生差异。如在南江，北部山地主要以黄羊养殖和茶叶、核桃、金银花等种植为主，南部则是粮食作物主产区。农时季节变化使得县域范围内不同地区的资金使用高峰期差异显著。另一方面，不同地区不同社员间资金供求差异越发明显，加之地区产业发展程度不同，部分试点村资金供给缺口较大。在旺苍，运行得好的贫困村资金互助社账面银行存款及现金余额加总只有几百元，社员只有等着有人还款后才能借到钱，因为借不到款而退出互助社的情况时有发生；而运行得不好的贫困村资金互助社却存在没人借款的现象，资金闲置情况严重。

第二，贫困村资金互助社的法律地位不明确。当前，农村自发性信用合作组织形式多样、名称各异。就贫困村资金互助社本身属性而言，存在着营利性和非营利性两种。按照《四川省贫困村村级发展互助资金管理办法》规定，贫困村资金互助社是在民政局注册的非营利性法人机构；而按照2007年中国银行业监督管理委员会颁布的《农村资金互助社管理暂行规定》，农村资金互助社应当是在工商局注册的独立的企业法人。这就使得贫困村资金互助社本身产生了法律定位上的分歧。

第三，政府在贫困村资金互助社发展过程中定位不明确。在诱致性制度变迁的过程中，政府的定位问题在贫困村资金互助社发展过程中表现得依然突出。诱致性的制度变迁过程，并非否定政府的调节作用。也就是说，政府的财政资金支持及对运行费用、电脑等基本设备设施的资助是必要且合理的。但因政府出资占到互助资金总额的绝大部分而表现出强烈的政府意志，在贫困村资金互助社运行过程中反应明显。当前在贫困村资金互助社中，90%以上的管理者由村干部担任，这些管理人员虽不属于政府人员范畴，但容易造成了政府意志在贫困村资金互助社的运行过程当中被过分传递，而政府的过度监管也会增加互助社的运营成本，并造成福利的损失。

第四，人才的缺失和培训的缺乏，造成贫困村资金互助社管理水平偏低。贫困村资金互助社虽然不像正规金融机构一样需要极具专业素养的人才，但其良好的运行仍然需要相对专业的管理人员和对管理人员的必要培训。当前贫困村资金互助社大多由当地基层干部管理，他们普遍受教育程度不高，金融财务知识欠缺，电脑操作陌生。因此他们在实际工作中出现了一系列问题，如在财务账目方面，多数地区没有设立总账、分账，只有"流水账"，导致贫困村资金互助社的数据不能很好地被整合、分析。这些都加大了贫困村资金互助社的风险隐患和管理的困难从而制约了其发展。

第五，农户的资金需求不平衡问题突出。一方面，大多农户入社资金额度偏低，贫困村资金互助社发放的借款单笔数额较小。课题组2015 年对南江和旺苍贫困村资金互助社的调研数据表明，2014 年贫困村资金互助社入社农户平均入社资金 323 元，按照放大十倍的借款比例，农户平均可借款额 3 230 元。在物价不断上涨等因素的综合作用下，小额度的互助资金借款在一定程度上已经不能起到对生产发展的支持作用。另一方面，有技术、生产发展好的社员的资金需求明显得不到满足，生产性投资较以往明显上升，个人对进一步发展产业的大额资金需求与互助资金小额借贷之间的矛盾越发突出。贫困户单笔贷款限额设置使得对创收能力强的农业项目支持有限。

第六，贫困村资金互助社发展的可持续性堪忧。一方面，贫困村资金互助社运行的高成本导致其难以可持续发展。非营利性对于贫困村资金互助社发展可持续性的影响毋庸置疑，一旦非营利性的原则被打破，也就打破了其发展的初衷。根据四川省扶贫移民局 2015 年报表数据显示，南江和旺苍两县 2014 年资金借出率 64% 和 70.3%，按照 8.3% 和 6.4% 的收益率计算，贫困村资金互助社的利润水平仅为2 万多元。除了维持互助社日常的运行外，这些收益还需要支付管理人员的工资，贫困村资金互助社难以获得能够使其持续发展的收入。相比 2014 年，旺苍贫困村资金互助社数量相对稳定，南江数量下降明显。南江的项目村个数从 2014 年的 74 个减少为 62 个，互助小组数量由 1 371 个减少为 1 119 个。

第七，贫困村资金互助社的风险防范机制不健全，增加了资金运行的风险。贫困村资金互助社在其运行中客观存在着来自于经营层面、运行层面、政策层面及管理层面的自然风险、信用风险、监管风险等不同形式的风险问题。虽然省级层面设定了 3 000 万元的贫困村互助资金风险资金，同时，允许市县各级建立本级互助资金项目风险金和管理办法。但由于宣传不到位、风险资金申请程序复杂等原因，风险资金并没有得到有效使用，市县各级也没有建立相应的资金项目风险金及管理办法。另外，包括内部人员的组织和管理缺乏规范等问题在内的一系列问题也在一定程度上增加了互助资金在监督和使用上的风险。

第八，贫困村资金互助社资金来源受限，贫困户借款瞄准帮扶存在较大欠缺。设立贫困村资金互助社的初衷在于创新财政扶贫资金的使用方式，通过资金互助和联保帮扶达到扶贫的目的。一方面，财政资金仍然是当前贫困村资金互助社最主要的资金来源。南江县中央和省财政投入 955.8 万元，农户缴纳互助金 302.3 万元；旺苍县中央和省财政投入 1 548.16 万元，农户缴纳互助金 360.8 万元。另一方面，当前贫困村资金互助社在贫困户瞄准和精准帮扶上还存在一定的欠缺，贫困户入社率方面差别较大且下降明显。旺苍县的贫困状况较南江县更严重，南江和旺苍两县 2013 年的贫困户入社率分别为 83% 和 95%。到 2015 年 6 月，南江县农户扶持率达 95%，贫困户扶持率 66%，贫困户借款 864.5 万元，占比仅 10%；同期，旺苍县农户扶持率达 88%，其中贫困户扶持率 64%，贫困户借款仅 1 006.2 万元，占比仅 8%。

8.3 贫困村资金互助社发展的探索与创新

在贫困村资金互助社的发展中，资金供需矛盾问题、资金安全等问题不断显现，迫切要求贫困村资金互助社进行创新发展的探索。南江和旺苍展开了积极的探索和实践，这些来自基层的探索，对于创新贫困村资金互助社的发展有着积极的现实意义。

8.3.1 贫困村资金互助社扩大资金来源渠道的创新

8.3.1.1 旺苍、安岳、仪陇金融支持"三农"的试点

针对部分地区农民专业合作社资金需求数量不断上升的状况，四川省在贫困村资金互助社试点开展时间较长、运作较为规范的旺苍、安岳、仪陇进行了金融支持"三农"的试点。其中旺苍、安岳的两个试点村的贫困村资金互助社以财政资金为担保，从农村信用合作社获得20万元的授信借款，用于壮大贫困村资金互助社的本金。其主要做法是：贫困村资金互助社按照借、还款程序发放和回收借款，农户借款在5 000元内即借互助资金，超过5 000元的借款，使用金融创新资金，当地信用合作社根据银行基准利率上浮3个百分点借给贫困村资金互助社，财政按扶贫借款的贴息标准对贫困村资金互助社进行贴息，社员借款按贫困村资金互助社章程规定的占用费率执行。这既满足了农户扩大再生产的资金需求，其中的利息差还增加了互助社收入，同时还为农村金融服务创造了条件，拓展了服务空间，不仅解决农村金融与农户信息不对称的问题，还节约了金融机构运作成本。贫困村资金互助社变成信用社的"零售商"，其管理人员变成了信用社"信贷员"，不仅能有效防控风险，确保资金安全，还能扩大信用社业务范围和规模，提高工作效率，为推进贫困村资金互助社试点建设和深化农村金融改革提供了新思路。

8.3.1.2 南江开展互助资金联合会的探索

为解决贫困村资金互助社季节性资金短缺和社员发展生产资金不足的问题，提高扶贫资金的使用效率，南江县成立了县互助资金联合会，旨在探索和完善财政扶贫资金的使用管理机制，通过互助资金联

合会的组织、协调，在全县贫困村资金互助社之间实现季节性错位配置，满足贫困村农户资金需求，提高贫困村资金互助社现有资金的使用效率。

互助资金联合会由全县村级互助社自愿申请组成，在县民政局登记注册为非营利性社团组织，在具体运行过程中遵循贫困村资金互助社的入社和退社原则及运行机制，以本县域内贫困村资金互助社为单位成员，只针对入会贫困村资金互助社发放借款。在机构设置方面，联合会设理事会和监事会，理事会由联合会成员大会选举产生，属联合会管理机构，设理事长 1 人，秘书长 1 人，会计 1 人，成员 12 人（片区理事长）；联合会监事会通过会员大会选举产生，设监事长 1 人，成员 6 人，对理事会的工作进行全面监督。在借款方面，会员通过提交借款申请并附详细用款计划，由联合会指定理事会成员对用款计划进行实地核实，并签署核实意见，通过理事会审核，理事长批准进行发放。还款方面实行短期借款，最长不超过一年，首次借款只限半年的规定。互助社借款金额不超过所缴入会互助金的 5 倍，最高不超过 10 万元，实行整借整还、按季结息的还款方式，借款占用费率为月息 4.2‰，逾期借款占用费率为月息 15‰。

农业生产的季节性决定了农民生产资金需求具有季节性特征。比如在播种时节，农民需要购买种苗、肥料等，在其他时节则不会产生这部分花销，因为种植的作物品种不同，播种的时间也是不同的。贫困村资金互助社服务的范围限制为本村村民，而在实际生产中，由于自然地理环境，如土壤、气候、降水等条件相似，再加之贫困村对本村产业发展一般有整体的规划，种植作物或者养殖牲畜的种类往往非常类似，对资金的需求往往集中在同一时期。为了解决这些问题，南江县进行了开展互助资金联合会的探索，一方面，以期解决贫困村资金互助社季节性资金短缺和社员发展生产资金不足的问题；另一方面，可以增加贫困村资金互助社社际之间的协助，提高扶贫资金的使

135

用效率。基于此，2013 年 8 月，南江县扶贫移民局在实地调查和广泛征求意见的基础上，成立了县互助资金联合会。联合会成立后，已有 30 个互助社申请加入，向联合会缴纳互助金 32 万，并且有 10 多个资金互助社申请借款。互助资金联合会在民政局注册，具有非营利性质。与贫困村资金互助社相似，互助资金联合会遵循平等、自愿和不出县的原则，贫困村资金互助社可以自主选择加入或退出联合会，联合会的成员必须是南江县内的贫困村资金互助社。联合会旨在为贫困村资金互助社调剂资金并更好地为农户生产经营服务。联合会组织管理体系也由"三会"构成，不同的是，联合会有 12 个片区理事长。借款上，借款程序和借款期限与村级互助社相似，均为一年内的短期借款，首次借款只限半年。杠杆比例和资金占用费率低于大部分村级互助社，倍数为 5，最高额度为 10 万元，年资金占用费率 5.04%。但不同于村级互助社直接将借款发放给审批通过的社员，联合会直接将借款发放给村级互助社，却不单独为社员提供借款服务。还款上，还款方式与贫困村资金互助社相同。

8.3.1.3 旺苍开展扩大资金来源渠道的探索

针对部分合作社资金需求量不断上升的状况，2010 年旺苍县启动了金融服务创新的试点工作。旺苍县信用联社选择龙凤乡锦旗贫困村资金互助社作为金融创新服务的试点单位，在不改变运作方式的前提下，以财政扶贫资金 10 万元作为担保，信用联社按放大 1 倍的比例和基准利率向互助社提供授信贷款，信用社按照先收利息后还本金的方式，扩大互助资金运作规模，满足村民对大额资金的需求，利息按月结算。贫困村资金互助社成员借款只能在互助资金或金融服务创新所提供的资金中任选其一，本息同时结算。贫困村资金互助社对金融创新服务所提供的贷款的使用进行全程监管，以便掌握资金的使用方式和途径等情况。2010 年 3 月，金融服务创新实现了试点以来的首批放款，截至 2014 年 2 月，累计放款 54 批，269.25 万元，还款 52 批，173.79 万元，累计收取占用费 11.86 万元，偿还信用社贷款利息 8.08 万元，贫困村资金互助社实际收取占用费 3.78 万元，到期还款率 100%。从目前情况来看，金融服务创新很大程度上满足了社员对大额资金的需求，但参与的金融机构只有县联社一家。旺苍县正试图将贵州村镇银行和绵阳商业银行一并引入金融服务创新的合作中来，进一步扩大贫困村资金互助社的资金规模。

8.3.2 保障贫困村资金互助社资金安全的探索

8.3.2.1 贫困村互助资金与小额保险结合机制创新

在贫困村资金互助社发展的过程中，借款人因意外事故等原因不能及时归还互助社借款的情况时有发生，一定程度上影响了互助资金运行的安全，而农村保险产品单一的状况一时间难以有效改善。2011 年 5 月 21 日，由中国人寿保险公司和国务院扶贫办的外资项目管理中心共同发起，农村扶贫小额保险试点项目在旺苍张华镇大地村和龙凤乡锦旗村运行。2012 年，旺苍又将农村扶贫小额保险与农村小额人身保险进一步融合，推出了"国泰农村小额扶贫借款人意外伤害保险"和"附加国寿小额意外受伤医疗团体费用补偿保险"。一旦意外发生，被保险人贷款无法偿还，贫困村资金互助社将作为第一受益人，得到被保险人未偿还贷款余额，再将剩余赔偿金发放给顺位的受益人。农村扶贫小额保险是对农村小额保险的创新，其保费以"公司让利+农户缴纳+政府补助"三方相结合的方式构成，实现全村统保，达成"一张保单保全村"的目标。农村扶贫小额保险由政府组织引导，由保险公司主推，乡村一级负责具体实施，对参保的社员给予贷款金额和占用费方面的优惠。截至 2014 年，小额扶贫保险项目覆盖全县 352 个行政村，参保人数 15.9 万人，投保覆盖率 45.6%，保费收入 800 万元。其中，全县 86 个互助社参保 2.9 万人，保费收入 116

万元，互助社社员参保率达 80%。保险项目实施以来，全县累计发生 8 300 余例农村扶贫小额保险赔付案，赔款 1 800 余万元，有效化解了 400 余户家庭因意外事故的返贫风险。

在贫困村资金互助社试点地区推行农村扶贫小额保险，将贫困家庭成员及其亲属一并纳入保险范围，通过商业保险这一市场手段进行风险转移和防控，费率低保险金额高，起到了保证互助资金的安全运行和提高了贫困户获得贷款的机会的双重作用。同时，通过商业保险这一市场手段进行风险转移和防控，一方面有利于保障互助资金安全运行，另一方面也将提高贫困农户获得贷款的机会，有利于农户脱贫致富。但是在农村扶贫小额保险试点的过程中，也暴露出如：基层干部群众保险意识不强，对保险本身有抵触和保险免责条款不合理，赔偿面过广等问题，加之在税收方面并没有减免等扶持政策，双方积极性均不高。

8.3.2.2 通过建立省级风险资金增强贫困村资金互助社的抗风险能力

为提高贫困村资金互助社抵抗风险的能力，推进贫困村资金互助社试点的持续发展，四川省财政安排专项资金 3 000 万元，建立省级风险资金，以弥补因不可抗拒因素导致的贫困村资金互助社的借款和自有资金产生的损失，提高风险防范能力。

8.3.3 贫困村资金互助社的考核和奖励机制创新

为了使贫困村资金互助社工作落到实处，使扶贫获得实际效果，四川省在互助社的考核、奖励机制上进行了创新。比如，乐山实行"月报剖析、季度督导、年度考核"制度，除分两类三档奖励工作经费和对优秀县或村实行其他扶贫项目支持外，还对管理混乱、连续两年被评为倒数前 3 位的贫困村资金互助社或项目县启动退出程序，并把贫困村资金互助社考核结果与干部考核任职挂钩，形成科学有效的干部激励机制；广元实行"双重考核"制度并提出"三加强"和"三对接"的工作要求；自贡市扶贫办、财政部门邀请监察局（纠风办）对全市范围内试点的贫困村资金互助社进行年度检查；南江县对县域内的贫困村资金互助社实行绩效挂钩与除名制，把借款、还款、产业及增收情况等与其补助挂钩，要求贫困村资金互助社的报表每月必须报送所在乡纪委，并定期或不定期地接受检查，提出只有做好小项目，才能实施大项目的扶贫理念，把做好贫困村资金互助社项目作为安排其他扶贫项目的优先条件；安岳县将报表、信息报送、档案管理、规范管理等纳入考核范围，实行加减分考核机制，考核得分与业务经费挂钩，充分调动贫困村资金互助社的积极性。

8.3.4　贫困村资金互助社组织合作机制的创新

近年来，贫困村资金互助社的成立在一定程度上缓解了农户生产资金缺乏的问题，但随着城乡一体化的快速推进，农村情况发生了极大变化，农户所需要的不仅仅是单一的信用合作，贫困村资金互助社的发展问题还引起了思考。由于生产技术、产品销售方面的问题和对外部市场的不了解，农户迫切渴望生产和供销方面的合作。为顺应时势，四川省在互助社组织合作机制上进行创新，在互助社与专业合作组织之间开展信用与生产合作，后来又将供销合作社系统综合改革纳入其中，尝试发展生产、供销与信用合作三位一体的合作方式。

8.3.4.1　互助社与专业合作组织合作机制创新

为了缓解分散的小农经济与大市场信息不对称的矛盾，弥补农户农副产品在产前、产中、产后技术服务缺失，四川省在 2009 年利用科技扶贫资金在旺苍县实施了"液体木耳栽培技术示范推广项目"。专门设计了由龙头企业在试点村协助建立木耳专业合作社，产品由龙

139

头企业统购，贫困村资金互助社为社员提供借款支持。龙头企业为木耳专业合作社的农户提供液体木耳栽培技术服务。这样既解决了社员对市场信息不了解、生产技术匮乏、产品质量不好、产量较低的困难，又保证了互助社借款的安全，还推动了试点村支柱产业的形成和持续发展。

8.3.4.2 生产、供销与信用合作三位一体的组织合作机制创新

为了全面提升农业的专业化、组织化和规模化程度，四川省与商务部合作，利用联合国开发计划署（UNDP）资金，在仪陇县开展农村金融创新试点项目，在 2014 年 4 月成立"仪陇县民富可持续发展中心"。该项目在原有村级合作互助社基础上，培育和发展农业生产与供销合作社、资金互助社三位一体的农民合作经济联合体，通过顶层设计和制度规范，最终形成生产、供销与信用合作三位一体的组织合作机制。同时，对接正规金融机构扩大农民合作经济组织体系的资金来源，壮大其资金实力；引进社会服务机构提供专业市场化服务。

8.4 本章小结

四川省贫困村资金互助社在发展过程中有许多创新实践。在扩大资金来源渠道方面，创新地向外部正规金融机构融资，如在旺苍、安岳开展的贫困村资金互助社与农村信用社之间的合作；创新地在贫困村资金互助社内部进行资金融通，如南江的互助资金联合会。在保障贫困村资金互助社的资金安全方面，创新地将互助金与小额保险机制结合，建立省级风险资金。在互助社考核、奖励机制方面，乐山、广元、自贡等诸多地区都进行了创新。互助社组织的合作机制方面，进行了互助社与专业合作组织的合作机制创新，生产、供销与信用合作三位一体的组织合作机制创新。

9 结论及政策建议

9.1 结论

本研究在对已有农村信用合作相关理论进行梳理和发展分析框架构建的基础上，首先梳理和比较了德国、美国和日本三个主要发达国家及我国农村信用合作的发展和变迁，然后从贫困村资金互助社的发展现状、四川贫困村资金互助社发展的历程及创新发展的具体实践、贫困村资金互助社的绩效，以及其面临的风险等几个方面对四川省贫困村资金互助社进行了深入的研究和探讨，并得出以下结论。

（1）农村信用合作发展的依赖路径有差异，但其共性的特点和经验在发展农村信用合作组织的过程中应当被强调和重视。从发达国家的经验来看，不同国家农村信用合作发展的路径依赖存在着明显的差异，虽然德国、美国、日本制度变迁的方式、基本模式和特征各不相同，但它们的农村信用合作发展较好，历史悠久，组织成熟，在发展模式、特征等方面又存在一定的共性，为我国农村信用合作的发展提供了很多宝贵的经验：一是国家可以结合本国的实际情况，探索农村信用合作政策在税收和业务范围方面的调整，以更好推动本国农村信用合作的发展；二是要明晰农村信用合作组织的所有权，这就要求政府资本必须在信用合作发展到一定的时候及时退出；三是农村信用合作体系上下级机构之间不应有隶属关系，上级机构对下级机构行使的是服务、指导和监督的职能，而不是行政管理职能；四是建立存款保险制度，以保护存款人的利益，维护农村信用合作机构的信用；五是在相关法律中做出强制拆散规定，以防止农村信用合作组织过度追求自身的经济利益。其在发展过程中也存在一些问题，具体包括：产权关系不清晰，行政色彩浓厚；合作性质不突出，背离了"非营利性"宗旨；具有针对性的法律缺位；法人治理结构不完善。

（2）贫困村资金互助社对财政性资金注入依赖较大，可持续发展能力不强。前文的研究结果表明，目前四川省贫困村资金互助社的运营对财政补贴的依赖较大，自我可持续发展能力不强。影响贫困村资金互助社可持续发展能力的因素包括互助社的资金占用费率、借款回收率和运营成本。贫困村资金互助社想要通过提高借款回收率和降低运营成本来实现自我可持续发展几乎是行不通的。

（3）四川贫困村资金互助社在发展过程中不断地创新实践，其本质是现实发展过程中问题的逐步显现，矛盾不断凸显的结果。随着农村经济金融大环境的变化和各项新的惠农政策的出台，农户可以通过更多的融资渠道获得借款，借贷选择更加多样且方便，贫困村资金互助社的小额借款已经渐渐不足以满足农户的借贷意愿，互助社的发展受到极大挑战。针对这一问题，四川省在扩大资金来源渠道方面进行了创新，比如尝试向外部正规金融机构融资和在贫困村资金互助社内部进行资金融通。当然，四川省贫困村资金互助社也在发展过程中对其他方面进行了探索，比如保障贫困村资金互助社资金安全方面，创新地将互助金与小额保险机制结合，建立省级风险资金；考核、奖励机制方面的创新；组织合作机制方面，进行了贫困村资金互助社与专业合作社合作的机制创新，生产、供销与信用合作三位一体的组织合作机制创新等。

（4）贫困村资金互助社在益贫性方面发挥了较好的作用，但"使命漂移"问题仍然存在。其益贫性的良好表现不仅体现在能有效缓解农户生产发展与小额资金短缺的矛盾，还体现在提高农户收入、增强理财意识和提高组织化程度等多个方面。从覆盖水平及借款情况来看，在借款的数额等方面，非贫困户远远大于贫困户。就贫困村资金互助社益贫效果的影响因素来说，农户是否从互助社借款受家庭劳动力数量、是否为贫困户、是否外出务工、是否参加培训四个方面的影响。农户使用互助资金盈利金额的大小主要受户主年龄、家庭劳动力数量、户主受教育年限、累计借款金额、是否有经营性活动、是否加入生产合作社六个因素的影响。而是否是贫困户、收成情况、资金用途、生产性收入、是否务工、是否参加培训对贫困村资金互助社益贫效果的影响不显著。

（5）贫困村资金互助社风险总体可控，外部风险的影响明显弱于内部风险。贫困村资金互助社是封闭性的社区金融服务组织，其自身的风险特征明显，虽然信用风险相对较小，但借款逾期的情况仍然存在，政策性风险突出，操作风险问题指向明确。由于借款产品设计的合理性和规范性不够完善，内部风险管理制度设计欠缺，不能够有效地防御信用风险，部分村仍然存在较严重的逾期借款情况。贫困村资金互助社的管理人员文化水平普遍不高，专业素质偏低，在被本地农户投票选举通过后，仅仅通过简单培训就上岗，缺乏系统的金融知识体系和相应的从业技能，风险意识淡薄，并且由于管理人员与社员之间具有很强的地缘关系，彼此熟悉，部分管理者甚至与社员有亲缘血缘关系，业务操作更容易受"熟人文化"影响。

9.2 政策建议

贫困村资金互助社是在扶贫背景下诞生的由国家政策主导成立的农村信用合作组织，是金融扶贫方式下的一种创新模式，为国家扶贫事业、弥补农村金融空白、提高贫困地区农民收入和促进农村经济增长做出了巨大贡献。但随着农村经济发展，农村金融大环境改善，贫困村资金互助社原有的小额借贷方式已经无法满足农民日益增长的融资需求，而此时的农民也由于许多惠农新政策的出现有了更多样的融资选择。那么，贫困村资金互助社想要在农村经济发展的新形势、农村金融的新环境下，更好地寻求自身发展的出路，就不得不重视贫困村资金互助社在发展过程中的一些问题。

9.2.1 建立和适时调整相关政策和规章制度，创新发展制度

第一，建立政府资本的退出机制。贫困村资金互助社要想长远发展，必须警惕产权关系不清晰并最终导致产权关系错位的问题，这就要求在适当的时机撤出政府资本。在贫困村资金互助社发展的初期，由于试点村自身经济发展程度不高，农民的收入微薄，互助社发展的资金有限，这时政府资本必须介入以对其提供支持。但是随着贫困村资金互助社逐渐发挥作用，农民收入水平提高，自身发展资金比较充裕，这时政府资本必须及时退出，以防止"看不见的手"影响互助社的正常发展。

第二，政府应该明确自己的主要职能在于为基层贫困村资金互助社提供金融服务而非行政管理，应该多制定和颁布有利于金融服务的

政策和规章制度。贫困村资金互助社体系上下级机构之间不应有隶属关系，上级机构对下级机构行使的是金融服务职能，而不是行政管理职能。所以，一方面，政府应该多考虑如何更好地为基层贫困村资金互助社组织提供金融服务，并制定和颁布有利于金融服务的政策和规章制度。另一方面，上级机构应该减少对基层贫困村资金互助社的行政干预，比如无权进行人事上的安排。

第三，建立入社费保险制度。目前贫困村资金互助社在四川的发展历史较短，社员所缴纳的入社费金额较低。但随着农村经济的发展，农民收入提高，需要更多的发展资金，就会缴纳更多的入社费，建立入社费保险制度就可以更好地保护社员的利益，维护贫困村资金互助社的信用。

第四，制定《合作金融法》。一方面，我国目前缺少一部专门的真正意义上的农村合作金融法律，而农村合作金融发展的立足基础便是自身性质和地位，发展过程中遇到种种问题的解决都需要以法律为依据，因此，相关法律缺失将成为农村信用合作组织可持续发展道路上的严重阻碍，不利于其为"三农"发展做出积极贡献。另一方面，我国农村信用合作之所以会出现"一管就死，一放就乱"的情况，就在于没有对合作金融的经营范围、管理原则、组织机构等主要内容以法律的形式确定下来。贫困村资金互助社的稳定和健康发展有赖于《合作金融法》的保障。

第五，将强制拆散规定纳入相关法律、规章制度中。为了约束贫困村资金互助社的管理者，防止贫困村资金互助社在今后的发展中变质，背离"非营利性"宗旨，不能很好发挥合作经济的服务作用，有必要在相关法律、规章制度中做出强制性规定：如果一个贫困村资金互助社追求其他目标，则它可被强制拆散。

9.2.2 拓宽贫困村资金互助社融资渠道，壮大资金实力

随着农村金融大环境的改善，农村金融市场的空白正在被更多的方式填补，农户融资选择更加多样。农村经济发展和农民收入的提高使得农户不再满足于原来的生产经营，而是试图通过扩大规模来获得更丰厚的收入，提高生活质量，因此贫困村资金互助社严格规定的借款额度渐渐无法满足农户的融资需求。此外，新的惠农政策比如精准扶贫，成为更切合农户融资需求的借贷方式。为适应新形势，取得更好发展，贫困村资金互助社有必要拓宽融资渠道，壮大资金实力。一是对接正规金融机构，通过向正规金融机构融资壮大互助资金规模。二是开展贫困村资金互助社的社际合作。由于贫困村自然地理条件和风俗习惯相似，通常在种植作物和养殖牲畜上具有同质性，加上农业生产具有较强的季节性，具体的贫困村的种养品类存在差异，资金需求的时间就不同，因此互助社之间开展社际合作，可以避开共同的用资高峰相互拆借。三是提高借款额度，实际中贫困村资金互助社对借款的额度有严格的规定，最高额度一般较低，无法满足需求，可通过提高借款额度获得更多的资金占用费，同时，吸引更多的农户入社，缴纳入社金，扩大互助金规模。

9.2.3 适当提高资金占用费率

贫困村资金互助社以扶贫为目的，具有非营利性，但并不代表不能获得收入。贫困村资金互助社的日常运营会产生一系列成本，如办公场地的租赁、办公设备的采购、水电等的使用、工作人员的工资等等。虽然互助社开办时可以获得财政补贴，但有限的补贴难以弥补长

期经营中产生的各种费用，因此，需要通过机构获得的收入来弥补成本。贫困村资金互助社的收入主要来源是借款产生的资金占用费，由占用费率决定，合理的费率设置可以在为社员提供有效率金融服务的前提下，满足组织可持续发展的要求。实际调研中发现，部分贫困村资金互助社占用费率过低，如沐川县的资金占用费率仅为 7.2%，难以维持机构的自我可持续运行。因此，可以依据实际状况，在不为农户过多增加借款负担的前提下，适当调整占用费率，增强自我可持续发展能力。

9.2.4　加强贫困村资金互助社的管理

一方面，增强贫困村资金互助社的内部管理。一是规范经济业务原始票据和凭证的留存，并及时整理和报送给乡镇管理人员；二是加强资料报送的管理，要求报送的数据、表格、报告、资料按照规范做好，并在规定的时间内报送给相关部门。另一方面，加强贫困村资金互助社的外部监管。一是对于由于各种原因没有必要、主观上不愿意或无法继续试点的互助社，启动退出程序；二是加强财务核算的管理，做到每一笔记账都必须有原始票据和凭证的支撑，不漏记错记，按期对账；三是定期整理分析互助社上报的数据、表格、报告、资料等，并结合其他各种渠道和方式，追踪和监督贫困村资金互助社的发展，及时发现其运行中的困难和问题，并通过加强指导、共同研究解决方案等，帮助其解决问题。

9.2.5　建立健全人才机制

从前文的研究可以看出，贫困村资金互助社管理人员的平均受教育年限较低，缺乏相关的专业素养和财务知识，且工作人员的流动性较大。一方面，政府可以增加对培训的投入，加大对工作人员的培训力度，对其进行系统性财务知识和管理知识的培训，使其具备能够处理日常运营中出现的困难和问题的相关专业素养。另一方面，政府可以通过提高福利待遇来提高互助社工作人员的稳定性。此外，政府也可以跟高校开展合作，派遣具备管理知识和财务知识的专业人员对贫困村资金互助社进行业务指导。

参考文献

[1] ANNIM S K. Targeting the poor versus financial sustainability and external funding: evidence of microfinance institutions in Ghana [J]. Journal of Developmental Entrepreneurship, 2012, 17 (3): 1-19.

[2] AGBEKO D, BLOK V, OMTA S W F, et al. The impact of training and monitoring on loan repayment of microfinance debtors in Ghana [J]. Journal of Behavioral & Experimental Finance, 2017, 14: 23-29.

[3] AKOTEY J O, ADJASI C K D. Does Microcredit Increase Household Welfare in the Absence of Microinsurance? [J]. World Development, 2016, 77: 380-394.

[4] AGBOLA F W, ACUPAN A, MAHMOOD A. Does microfinance reduce poverty? New evidence from Northeastern Mindanao, the Philippines [J]. Journal of Rural Studies, 2017, 50: 159-171.

[5] ABATE G T, RASHID S, BORZAGA C, et al. Rural Finance and Agricultural Technology Adoption in Ethiopia: Does the Institutional Design of Lending Organizations Matter? [J]. World Development, 2016, 84: 235-253.

[6] ARMENDARIZ B, SZAFARZ A. On Mission Drift In Institutions

［J］. Munich Personal RePEc Archive , 2011, 42: 341-365.

［7］BERGE L I O, JUNIWATY K S, SEKEI L H. Gender composition and group dynamics: Evidence from a laboratory experiment with microfinance clients ［J］. Journal of Economic Behavior & Organization, 2016, 131: 1-20.

［8］BLANCO-OLIVER A, IRIMIA-DIEGUEZ A, REGUERA-AL-VARADO N. Prediction-oriented PLS path modeling in microfinance research ［J］. Journal of Business Research, 2016, 69（10）: 4643-4649.

［9］HSU B Y. Alleviating poverty or reinforcing inequality? Interpreting micro-finance in practice, with illustrations from rural China ［J］. The British Journal of Sociology, 2014, 65（2）: 245-265.

［10］MARCONATTO D, CRUZ L B, PEDROZO E A. Going beyond microfinance fuzziness ［J］. Journal of Cleaner Production, 2016, 115: 5-22.

［11］GUTIÉRREZ-NIETOA B, SERRANO-CINCA C, MOLINERO C M. Microfinance institutions and efficiency ［J］. Omega, 2007（35）: 131-142.

［12］AHLIN C, LIN J, MAIO M. Where does microfinance flourish? Microfinance institution performance in macroeconomic context ［J］. Journal of Development Economics, 2011, 95（2）: 105-120

［13］CONNING J , UDRY C. Rural Financial Markets in Developing Countries ［M］. New York: Harvester Wheatsheaf, 2005.

［14］AHLIN C, JIANG N. Can micro-credit bring development? ［J］. Journal of Development Economics, 2008, 86（1）: 1-21.

［15］AHLIN C, TOWNSEND R. Selection into and across credit contracts: Theory and field research ［J］. Journal of Econometrics, 2007

(136): 665-698.

[16] AHLIN C, TOWNSEND R. Using Repayment Data to Test Across Models of Joint Liability Lending [J]. The Economic Journal, 2007, 117 (517): 11-51.

[17] CLARKE G R G, XU L C, ZOU H. Finance and Income Inequality: What do the Data Tell Us? [J]. Southern Economic Journal, 2006, 72 (3): 578-596.

[18] CALUM G T, RONG K. Informal lending amongst friends and relatives: Can microcredit compete in rural China? [J]. China Economic Review, 2010, 21 (4): 544-556.

[19] ROOYEN C V, STEWART R, WET T D. The Impact of Microfinance in Sub-Saharan Africa: A Systematic Review of the Evidence [J]. World Development, 2012, 40 (11): 2249-2262.

[20] DONOU - ADONSOU F, SYLWESTER K. Growth effect of banks and microfinance: Evidence from developing countries [J]. The Quarterly Review of Economics & Finance, 2017, 64: 44-56.

[21] ERHARDT E. Microfinance beyond self-employment: evidence for firms in Bulgaria [J]. Mpra Paper, 2017, 47: 75-95.

[22] BOUMAN F J A. ROSCA: On the origin of the species [J]. Savings and Development, 1995, 19 (2): 117-148.

[23] HAZARIKA G, SARANGI S. Household Access to Microcredit and Child Work inRural Malawi [J]. World Development, 2008, 36 (5): 843-859.

[24] GANLE J K, AFRIYIE K, SEGBEFIA A Y. Microcredit: Empowerment and Disempowerment of Rural Women in Ghana [J]. World Development, 2015, 66: 335-345.

[25] GREENWOOD J, JOVANOVIC B. Financial Development, Growth and the Distribution of Income [J]. Journal of Political Economy, 1990, 98 (5): 1076-1107.

[26] GALOR O, ZEIRA J. Income Distribution and Macroeconomics [J]. The Review of Economic Studies, 1993, 60 (1): 35-52.

[27] TCHOUASSI G. Microfinance, inequality and vulnerability: Empirical analysis from Central African countries [J]. Journal of Development and Agricultural Economics , 2011, 3 (4): 150-156.

[28] ZHANG G B. The choice of formal or informal finance: Evidence from Chengdu, China [J]. China Economic Review, 2008 (19): 659-678.

[29] HE G W, LYNETTE H. Chinese Rural Cooperative Finance in the Era of Post - Commercialized Rural Credit Cooperatives [J]. The Chinese Economy, 2014, 47 (4): 81-98.

[30] ZHANG X Q, LOUBERE N. Rural Finance, Development and Livelihoods in China [J]. East Asia Studies, 2013 (94): 7-26.

[31] ISLAM A. Heterogeneous effects of microcredit: Evidence from large-scale programs in Bangladesh [J]. Journal of Asian Economics, 2015, 37: 48-58.

[32] COPESTAKE J. Mainstreaming Microfinance: Social Performance Management or Mission Drift? [J]. World Development, 2007, 35 (10): 1721-1738.

[33] JIA X, CULL R, GUO P, et al. Commercialization and Mission Drift: Evidence from a Large Chinese Microfinance Institution [J]. China Economic Review, 2016, 40: 17-32.

[34] SWINNEN J F, GOW H R. Agricultural credit problems and

policies during the transition to a market economy in Central and Eastern Europe [J]. Food Policy, 1999, 24 (1): 21-47.

[35] HOFF K, STIGLITZ J E. Imperfect Information and Rural Credit Markets: Puzzles and Policy Perspectives [J]. The World Bank Economic Review, 1990, 4 (3): 235-250.

[36] RANKIN K N. Manufacturing rural finance in Asia: Institutional assemblages, market societies, entrepreneurial subjects [J]. Geoforum, 2008 (39): 1965-1977.

[37] KSOLL C, LILLEØR H B, LØNBORG J H, et al. Impact of Village Savings and Loan Associations: Evidence from a cluster randomized trial [J]. Journal of Development Economics, 2016, 120: 70-85.

[38] KODONGO O, KENDI L G. Individual lending versus group lending: An evaluation with Kenya's microfinance data [J]. Review of Development Finance, 2013, 3 (2): 99-108.

[39] TSAI K S. Imperfect Substitutes: The Local Political Economy of Informal Finance and Microfinance in Rural China and India [J]. World Development, 2004, 32 (9): 1487-1507.

[40] PELLEGRINA L D. Microfinance and Investment: A Comparison with Bank and Informal Lending [J]. World Development, 2011, 39 (6): 882-897.

[41] LEHNER M. Group Lending versus Individual Lending in Microfinance [C]. BerLin: [s. n.], 2009.

[42] MCINTOSH C, VILLARAN G, WYDICK B. Microfinance and Home Improvement: Using Retrospective Panel Data to Measure Program Effects on Fundamental Events [J]. World Development, 2011, 39 (6): 922-937.

[43] MIA M A, SOLTANE B I B. Productivity and its determinants in microfinance institutions (MFIs): Evidence from South Asian countries [J]. Economic Analysis & Policy, 2016, 51: 32-45.

[44] MPUGA P. Constraints in access to and demand for rural credit: evidence from Uganda [J]. African Development Review, 2010, 22 (1): 115-148.

[45] MIA M A, LEE H A. Mission drift and ethical crisis in microfinance institutions: What matters? [J]. Journal of Cleaner Production, 2017, 164: 102-114.

[46] HUDON M, TRACA D. On the Efficiency Effects of Subsidies in Microfinance: An Empirical Inquiry [J]. World Development, 2011, 39 (6): 966-973.

[47] MAITRA P, MITRA S, MOOKHERJEE D, et al. Financing Smallholder Agriculture: An Experiment with Agent-Intermediated Microloans in India [J]. Journal of Development Economics, 2017, 23 (23): 463-470.

[48] Lipton M. Agricultural Finance and Rural Credit in Poor Countries [J]. World Development, 1976, 4 (7): 543-553.

[49] MONNE J, LOUCHE C, VILLA C. Rational Herding toward the Poor: Evidence from Location Decisions of Microfinance Institutions within Pakistan [J]. World Development, 2016, 84: 266-281.

[50] HERMES N, LENSINK R, MEESTERS A. Outreach and Efficiency of Microfinance Institutions [J]. World Development, 2011, 39 (6): 938-948.

[51] PAPROCKI K. Selling Our Own Skin: Social dispossession through microcredit in rural Bangladesh [J]. Geoforum, 2016, 74:

29-38.

[52] CULL R, MORDUCH J. Does Regulatory Supervision Curtail Microfinance Profitability and Outreach? [J]. World Development, 2011, 39 (6): 949-965.

[53] RAIHAN S, OSMANI S R, KHALILY M A B. The macro impact of microfinance in Bangladesh: A CGE analysis [J]. Economic Modelling, 2017, 62: 1-15.

[54] MERSLAND R. The Cost of Ownership in Microfinance Organizations [J]. World Development, 2009, 37 (2): 469-478.

[55] MERSLAND R, STRØM R Ø. Microfinance Mission Drift? [J]. World Development, 2010, 38 (1): 28-36.

[56] MERSLAND R, STRØM R Ø. Performance and governance in microfinance institutions [J]. Journal of Banking & Finance, 2009, (33): 662-669.

[57] MERSLAND R, STRØM R Ø. Performance and trade - offs in Microfinance Organisations—Does ownership matter? [J]. Journal of international development: The joural of the development studies association, 2008, 20 (5): 598-612.

[58] SEIBEL H D. Old and New World of Microfinance in Europe and Asia [J]. Southeast Asia's Credit Revolution: From Moneylenders to Microfinance, 2010, 32: 40-57.

[59] SHAHRIAR A Z M. Exposure to Intimate Partner Violence and Repayment of Microcredit: Evidence from Field Experiments in Bangladesh [J]. Journal of Banking & Finance, 2016, 72: 1-14.

[60] SAPIENZA P. The Effects of Government Ownership on Bank Lending [J]. Journal of Financial Economics, 2004, 72 (2): 357-384.

[61] SAAB G. Micro Financing and Their "Mission Drift" Orientation The MENA Region Case [J]. Procedia Economics & Finance, 2015, 30: 790-796.

[62] JEANNENEY S G, KPODAR K. Financial Development and Poverty Reduction: Can There Be a Benefit Without a Cost? [J]. International Monetary Fund, 2011, 47 (1): 143-163.

[63] BESLEY T. Nonmarket Institutions for Credit and Risk Sharing in Low-Income Countries [J]. Journal of Economic Perspectives, 1995, 9 (3): 115-127.

[64] TSAI K S. Imperfect Substitutes: the Local Political Economy of Informal Finance andMicrofinance in Rural China and India [J]. World Development, 2004, 32 (9): 1487-1507.

[65] HARTARSKA V. Governance and performance of microfinance institutions in Central and Eastern Europe and the Newly Independent States [J]. World Development, 2005, 33 (10): 1627-1647.

[66] HARTARSKA V, NADOLNYAK D. An Impact Analysis of Microfinance in Bosnia and Herzegovina [J]. World Development, 2008, 36 (12): 2605-2619.

[67] WIJESIRI M, YARON J, MEOLI M. Assessing financial and outreach efficiency of Microfinance Institutions. Do age and size matter? [J]. Journal of Multinational Financial Management, 2017, 40: 63-76.

[68] WIDIARTO I, EMROUZNEJAD A, ANASTASAKIS L. Observing Choice of Loan Methods in Not-for-Profit Microfinance using Data Envelopment Analysis [J]. Expert Systems with Applications, 2017, 82: 278-290.

[69] MONTEZA M D P P, BLANCO J L Y, VALDIVIESO M R. The

Educational Microcredit as an Instrument to Enable the Training of Women [J]. Procedia – Social and Behavioral Sciences, 2015, 197: 2478-2483.

［70］LI X, GAN C, HU B D. Accessibility to microcredit by Chinese rural households [J]. Journal of Asian Economics, 2011 (22): 235-246.

［71］LI X, GAN C, HU B D. The welfare impact of microcredit on rural households in China [J]. The Journal of Socio-Economics, 2011 (40): 404-411.

［72］NADER Y F. Microcredit and the socio-economic wellbeing of women and their families in Cairo [J]. The Journal of Socio-Economics, 2008 (37): 644-656.

［73］YARON J, BENJAMIN M P, PIPREK G L. Rural Finance: Issues, Design, and Best Practices [M]. Washington: World Bank, 1997.

［74］SHIMAMURA Y, CORNHIFL S L. Credit Program Participation and Child Schooling in Rural Malawi [J]. World Development, 2010, 38 (4): 567-580.

［75］鲍静海. 日本农村合作金融支农的经验及启示 [J]. 日本问题研究, 2006 (3): 12-14.

［76］白钦先, 胡巍. 试论综合视角下的农村合作金融改革——基于哲学、历史、人文、经济与社会的综合视角 [J]. 经济问题, 2014 (9): 1-5.

［77］曹洪民, 林万龙. 基于存量资源整合的制度创新: 社会主义新农村建设的起点——四川省仪陇县试点案例研究 [J]. 农村经济, 2007 (6): 41-43.

［78］曹羽茂. "农村合作基金会理论研讨会" 观点综述 [J]. 经济体制改革, 1996 (1): 122-124.

［79］曹明霞, 包宗顺, 刘明轩. 农村金融供需环境对农民资金互

157

助社发展的影响分析——基于结构方程模型的实证研究 [J]. 金融监管研究, 2015 (6)：65-76.

[80] 车燕, 胡士华. 试论政府对农村金融资源的控制行为 [J]. 农村经济, 2005 (7)：66-67.

[81] 陈东平, 周振. 组织场域对新型农村合作金融机构支农绩效的影响——以盐城市试点为例的实证研究 [J]. 农业经济问题, 2012 (2)：50-55.

[82] 陈东平, 康泽清, 田妍. 农民资金互助组织的模式比较研究——基于"埃里克-鲁道夫"交易费用分析范式 [J]. 贵州社会科学, 2015 (6)：153-158.

[83] 陈东平, 张雷, 高名姿. 互联性交易与股份合作制专业合作社内信用合作契约治理研究——以旺庄果品专业合作社为例 [J]. 农业经济问题, 2017 (5)：28-35.

[84] 陈东平, 钱卓林. 资本累积不必然引起农村资金互助社使命漂移——以江苏省滨海县为例 [J]. 农业经济问题, 2015 (3)：40-46.

[85] 陈东平, 张雷, 张蕴嘉. 资金互助组织"隧道行为"及其抑制措施——以苏北 22 家资金互助社为例 [J]. 金融经济学研究, 2017 (1)：121-128.

[86] 陈立辉, 刘西川. 农村资金互助社异化与治理制度重构 [J]. 南京农业大学学报（社会科学版）, 2016 (3)：159-16.

[87] 程恩江, 堵保金, 刘大耕. 我国农村信用社经营状况、补贴及其政策含义：以江苏为例 [J]. 金融研究, 2003 (3)：98-104.

[88] 成功伟, 刘卫. 抗战时期的农本局与四川农村合作金融建设（1937—1942）[J]. 江汉论坛, 2016 (7)：118-124.

[89] 崔宝玉, 王纯慧. 论中国当代农民合作社制度 [J]. 上海经

济研究, 2017 (2): 118-128.

[90] 董晓林, 朱敏杰, 张晓艳. 农民资金互助社对农户正规信贷配给的影响机制分析——基于合作金融"共跻监督"的视角 [J]. 中国农村观察, 2016 (1): 63-74.

[91] 郭华, 王瑾瑜, 刘艳. 贫困村资金互助社发展的现状及创新实践——基于四川省南江县和旺苍县的实证分析 [J]. 农村经济, 2016 (8): 66-71.

[92] 高雅, 李孔岳, 吴晨. 企业家政治关系、市场化程度与行政垄断行业进入——基于中国私营企业的实证化研究 [J]. 经济与管理研究, 2013 (9): 95-104.

[93] 高强, 张照新. 日本、韩国及中国台湾信用合作运行模式、发展经验与启示 [J]. 中国农村经济, 2015 (10): 89-96.

[94] 高俊, 刘亚慧, 温铁军. 农村小微金融"内部化悖论"的案例分析 [J]. 中国农村观察, 2016 (6): 2-11.

[95] 高海.《农民专业合作社法》修改的思路与制度设计 [J]. 农业经济问题, 2017 (3): 4-14.

[96] 高晓光, 罗俊成, 姜丽丽. 金融包容视角下的农村资金互助社发展问题研究 [J]. 当代经济研究, 2016 (5): 88-92.

[97] 高玉成, 郑伟, 刘俊峰. 农村资金互助社发展与监管问题探析 [J]. 金融理论与实践, 2015 (6): 54-58.

[98] 郭红东, 楼栋, 胡卓红, 等. 影响农民专业合作社成长的因素分析—基于浙江省部分农民专业合作社的调查 [J]. 中国农村经济, 2009 (8): 24-31.

[99] 国鲁来. 农民合作组织发展的促进政策分析 [J]. 中国农村经济, 2006 (6): 4-11.

[100] 韩国明, 周建鹏. 从农信社和弄机会改革经验教训谈农村

资金互助社的发展［J］. 农村经济，2009（5）：58-61.

［101］韩晨，高文迪. 农村资金互助社发展的活力与瓶颈——基于江苏省苏北地区的调研思考［J］. 农村经济，2013（9）：61-65.

［102］韩立达，陈燕. 新型农村合作金融组织发展研究——以成都市为例［J］. 农村经济，2015（5）：72-76.

［103］何广文. 农户小额信用借款的制度绩效、问题及对策［J］. 中国农村信用合作，2002，11：11-13.

［104］何广文. 合作社信用合作的制度优势及可持续发展的路径探讨［J］. 中国农民合作社，2017（4）：47-48.

［105］何广文. 资金互助：合作金融又一模式［J］. 中国金融家，2009（12）：31-33.

［106］何军，唐文浩. 政府主导的小额信贷扶贫绩效实证分析［J］. 统计与决策，2017（11）：169-172.

［107］何频. 安徽农民资金互助合作组织的发展模式及风险分析［J］. 华东经济管理，2015（6）：22-26.

［108］黄季焜，邓衡山，徐志刚. 中国农民专业合作经济组织的服务功能及其影响因素［J］. 管理世界，2010（5）：75-81.

［109］黄祖辉，高钰玲. 农业专业合作社服务功能的实现程度及其因素［J］. 中国农村经济，2012（7）：4-16.

［110］黄英君，胡国生. 金融扶贫、行为心理与区域性贫困陷阱——精准识别视角下的扶贫机制设置［J］. 西南民族大学学报（人文社科版），2017（2）：1-10.

［111］金瓯. 被"抑制"的农村资金互助社——基于马屿镇汇民农村资金互助社的调研［J］. 西北农林科技大学学报（社会科学版），2014（6）：57-62.

［112］姜柏林. 农村资金互助社融资难题待解［J］. 银行家，

2008（5）：95-97.

[113] 姜明伦，何安华，楼栋，等. 我国农业农村发展的阶段性特征、发展趋势及对策研究 [J]. 经济学家，2012（9）：81-90.

[114] 贾立，汤敏，胡晶晶. 中国农村金融成熟度的测量与实证研究 [J]. 南京审计学院学报，2017，14（1）：21-28.

[115] 鞠荣华，何广文. 美国农村信贷供给体系及其对中国的启示 [J]. 世界农业，2012（11）：61-64.

[116] 鞠荣华，许云霄. 中国商业性和合作制农村金融机构效率比较 [J]. 中国农业大学学报，2015，20（6）：282-289.

[117] 李超民. 美国农场合作金融法制化与我国农村金融体制建设 [J]. 环球法律评论，2006（6）：671-680.

[118] 李昆、傅新红. 重释农业合作社存在与发展的内在动因 [J]. 农村经济，2004（1）：16-18.

[119] 李明贤. 农村资金互助社与农村经济发展 [J]. 中国农村信用合作，2008（2）：25-26.

[120] 李明贤，周蓉. 异质性社员参与农村资金互助业务的博弈分析 [J]. 农业经济问题，2016（2）：77-82.

[121] 李明贤，周蓉. 我国农村合作经济组织开展资金互助业务探讨——基于国外农村合作金融组织成功发展经验的启示 [J]. 当代经济管理，2015，37（6）：94-97.

[122] 李明贤，周蓉. 社员异质性与资金互助合作的稳定运行机制 [J]. 华南农业大学学报（社会科学版），2016，15（6）：40-48.

[123] 李中华，姜柏林. 资金来源渠道不畅严重制约农村资金互助社发展——对全国首家资金互助社资金组织情况的调查 [J]. 中国金融，2008（4）：70-71.

[124] 李伶俐，刘小华，王定祥. 论我国农村扶贫金融制度的完

善与创新 [J]. 上海经济研究, 2017 (5): 82-90.

[125] 廖继伟. 新型农村资金互助合作社发展路径研究——以四川为例 [J]. 上海经济研究, 2010 (7): 48-54.

[126] 林乐芬, 赵倩, 沈建芬. 准新型农村金融机构运行绩效及影响因素研究——基于 28 家农民资金互助合作社的调查 [J]. 农业经济, 2013, 13 (2): 50-59.

[127] 林毅夫. 金融和企业发展 [J]. 世界经济文汇, 2003 (2): 61-67.

[128] 林雅娜, 克里斯多夫, 谢志忠. 农村金融市场竞争对农村信用社信贷风险的影响研究——基于福建县级农村信用社数据 [J]. 农业技术经济, 2017 (1): 85-97.

[129] 刘金海. 贫困村级互助资金: 益贫效果、机理分析及政策建议 [J]. 农村经济, 2010 (10): 83-86.

[130] 刘勇, 田杰, 余子鹏. 专业合作基础上发展资金互助社的路径分析 [J]. 西北农林科技大学学报 (社会科学版), 2013, 13 (3): 23-27.

[131] 刘西川, 黄祖辉, 程恩江. 小额信贷的目标上移: 现象描述与理论解释——基于三省 (区) 小额信贷项目区的农户调查 [J]. 中国农村经济, 2007 (8): 23-24.

[132] 刘雨欣, 胡月, 郭翔宇. 生产经营型农机合作社面临资金困境的原因分析及对策建议——以黑龙江省为例 [J]. 农村经济, 2017 (1): 30-34.

[133] 楼栋, 陈鹏, 于雷. 专业合作基础上发展资金互助社的 SWOT 分析及其战略选择 [J]. 西北农林科技大学学报, 2011 (1): 35-40.

[134] 蓝虹, 穆争社. 中国新型农村合作金融发展十大问题论争

［J］．上海金融，2017（4）：35-49．

［135］卢文祥．发达国家农村金融服务体系历史演进研究［J］．经济研究导刊，2011（33）：38-41

［136］罗斌．农村合作金融组织形式创新研究［J］．农村经济，2016（5）：101-106．

［137］吕德宏，朱莹．农户小额信贷风险影响因素层次差异性研究［J］．管理评论，2017，29（1）：33-41．

［138］马晓楠．中国农村合作金融的异化文献评述［J］．农业经济，2013（10）：106-109．

［139］马斌，韩守富．河南新型合作金融发展研究［J］．宏观经济管理，2017（2）：83-86．

［140］马九杰，周向阳．农村资金互助社的所有权结构、治理机制与金融服务［J］．江汉论坛，2013（5）：59-65．

［141］毛飞，王旭，孔祥智．农民专业合作社融资服务供给及其影响因素［J］．中国软科学，2014（7）：27-39

［142］宁夏，何家伟．扶贫互助资金"仪陇模式"异地复制的效果——基于比较的分析［J］．中国农村观察，2010（4）：20-32．

［143］聂勇．多目标决策的农户小额信贷绩效评价模型研究［J］．华中农业大学学报（社会科学版），2009，1：6-9．

［144］彭澎，张龙耀．农村新型资金互助合作社监管失灵与监管制度重构［J］．现代经济探讨，2015（1）：48-52．

［145］潘婷，何广文，潘淑娟．基于利益共享机制构建的异质性合作社内部融资路径分析［J］．金融理论与实践，2015（2）：1-6．

［146］曲小刚．农村正规金融机构双重目标兼顾研究［M］．北京：中国金融出版社，2014．

［147］曲小刚，罗剑朝．农村资金互助社的运行绩效和影响因

素——以内蒙古通宁市辽河镇融达农村资金互助社为例［J］．农村经济，2013（4）：61-65．

［148］戎承法，楼栋．专业合作基础上发展互助资金的效果——资金互助业务的农民专业合作社的调查［J］．农业经济问题，2011（10）：89-95．

［149］史程．我国农村金融监管制度的博弈分析［J］．中国集体经济，2007，（8）：96-97．

［150］师容蓉，徐璋勇．农村信用社成本效率及其影响因素研究——来自陕西省81个区县的统计数据［J］．农业技术经济，2012，3：78-85．

［151］商文莉，郑少锋．金融许可和依托组织对农村资金互助组织效率影响研究［J］．南京农业大学学报（社会科学版），2015（6）：88-96．

［152］盛煜．中国微型金融机构财务目标和社会目标冲突分析［J］．征信，2012（3）：82-85．

［153］宋彦峰．新型农村合作金融组织发展的制度研究［J］．南方金融，2010（3）：57-59．

［154］申云，彭小兵．链式融资模式与精准扶贫效果——基于准实验研究［J］．财经研究，2016，42（9）：4-15．

［155］王瑾瑜．四川省贫困村资金互助社扶贫效果评价［D］．雅安：四川农业大学，2016．

［156］田青．小额贷款公司的目标偏离与矫正——基于效率视角的研究［J］．金融论坛，2017（1）：24-34．

［157］王劲屹，张全红．农村资金互助社可持续发展——基于交易费用视角［J］．农村经济，2014（3）：74-77．

［158］王世荣，李建英，韦正贵．把股份合作制引入农村合作基

金会的初步实践 [J]. 农村经济，1994（10）：25-27.

[159] 王苇航. 关于发展农村资金互助合作组织的思考 [J]. 农业经济问题，2008（8）：61-65.

[160] 王曙光. 普惠金融视角下新型农民合作金融的挑战与应对 [J]. 中国农民合作社，2014（4）：51-52.

[161] 王刚贞. 我国农村资金互助社的监管效率分析 [J]. 华东经济管理，2015（6）：95-99.

[162] 王玮，何广文. 社区规范与农村资金互助社运行机制研究 [J]. 农业经济问题，2008（9）：23-28.

[163] 王煜宇. 农村金融法制化的他国镜鉴 [J]. 改革，2017（4）：150-159.

[164] 王煜宇，邓怡. 农村金融政策异化：问题、根源 与法制化破解方案 [J]. 西南大学学报（社会科学版），2017，43（2）：45-53.

[165] 王王萍，郭晓鸣. 对农民资金扶贫互助社的调查与思考——以通江县梨园坝村为例 [J]. 农村经济，2015（12）：68-73.

[166] 王俊凤，庞博，杨德光. 农民专业合作社内部资金互助的运行机理研究 [J]. 学习与探索，2017（3）：125-130.

[167] 王萧. 四川扶贫资金互助社发展问题研究 [D]. 雅安：四川农业大学，2016.

[168] 王建文，雷睿. 论我国农村资金互助社的融资制度创新及其法律保障 [J]. 北方法学，2014（3）：28-34.

[169] 毋俊芝，安建平. 试论我国农村合作金融制度的异化 [J]. 农业经济问题，2008（2）：8-20.

[170] 吴爱华，李明贤. 我国农村金融供给现状、问题与对策 [J]. 广东农业科学，2014（21）：216-219.

[171] 吴斌. 我国农村金融创新的路径选择 [J]. 湖北社会科

学, 2010, (10): 88-91.

[172] 吴少新, 李建华, 许传华. 基于 DEA 超效率模型的村镇银行经营效率研究 [J]. 财贸经济, 2009, 12: 45-49.

[173] 吴琼, 王学忠. 农村资金互助社金融许可证制度的反思与变革——以金融许可证制度的功能为视角 [J]. 特区经济, 2012 (9): 155-157.

[174] 温涛, 刘达, 王小华. "双重底线" 视角下微型金融机构经营效率的国际比较研究 [J]. 中国软科学, 2017 (4): 25-40.

[175] 吴志新, 伊留芳. 日本农村合作金融成功经验的研究 [J]. 江西金融职工大学学报, 2008 (3): 9-11.

[176] 夏霖霖. 论德国合作金融对我国合作金融的启示 [J]. 现代商贸工业, 2009 (6): 168.

[177] 夏英, 宋彦峰, 濮梦琪. 以农民专业合作社为基础的资金互助制度分析 [J]. 农业经济问题, 2010 (4): 29-33.

[178] 谢琼. 农村金融: 体质体制突破与机制改进 [D]. 湖北: 华中农业大学, 2009.

[179] 谢世清, 陈方诺. 农村小额贷款模式探究——以格莱珉银行为例 [J]. 宏观经济研究, 2017 (1): 148-155.

[180] 徐旭初, 吴彬. 治理机制对农业专业合作社绩效的影响——基于浙江省 526 家农民专业合作社的实证分析 [J]. 中国农村经济, 2010 (5): 43-55.

[181] 徐志刚, 张森, 邓衡山, 等. 社会信任: 组织产生、存续和发展的必要条件? —来自中国农民专业合作经济组织发展的经验 [J]. 中国软科学, 2011 (1): 47-54.

[182] 杨虎锋, 何广文. 小额借款公司经营有效率吗? ——基于 42 家小额借款公司数据的分析 [J]. 财经科学, 2011, 12: 28-36.

［183］杨龙，张伟宾. 基于准实验研究的互助资金益贫效果分析——来自 5 省 1 349 户面板数据的证据［J］. 中国农村经济，2015（7）：82-92.

［184］杨奇明，陈立辉，刘西川. 农村资金互助社的绩效、制度优势与治理困境：国内研究述评［J］. 金融理论与实践，2015（4）：104-110.

［185］杨松，姜庆丹. 美国农场信贷立法及其对中国的启示［J］. 暨南学报（哲学社会科学版），2011（6）：1-9.

［186］杨小丽，董晓林. 农村小额借款公司的借款结构与经营绩效——以江苏省为例［J］. 农业技术经济，2012，5：70-78.

［187］严圣阳. 以农民资金互助破解农村创业资金短缺问题［J］. 经济纵横，2015（5）：48-52.

［188］姚会元，陈俭. 农村信用社制度异化问题探析［J］. 学术交流，2008（11）：109-113.

［189］姚亮. 完善我国农村金融监管的构想［J］. 商业研究，2009（4）：87-89.

［190］尹矣. 我国农村金融监管制度的创新［J］. 农村金融研究，2003（7）：23-26.

［191］易棉阳，YiMianyang. 近代中国农业合作金融制度的演进——基于国家与社会之间关系视角的研究［J］. 财经研究，2016，42（4）：71-80.

［192］张宁宁. "新常态"下农村金融制度创新：关键问题与路径选择［J］. 农业经济问题，2016（6）：69-74.

［193］张兵，曹阳，许国玉. 发达地区农村信用社改革的政策效果评价——以江苏省农村商业银行模式为例［J］. 农业技术经济，2008，5：89-96.

［194］张燕, 张权. 农村资金互助社融资困境及制度创新［J］. 学习与实践, 2016（6）: 38-44.

［195］张德元, 张亚军. 关于农村资金互助合作组织的思考与分析［J］. 经济学家, 2008（1）: 10-47.

［196］张连刚, 支玲, 谢彦明, 等. 农民合作社发展顶层设计: 政策演变与前瞻木——基于中央"一号文件"的政策回顾［J］. 中国农村观察, 2016（5）: 10-21.

［197］张海清. 内部优化与外部联接——农民资金互助合作社发展核心问题［J］. 金融发展研究, 2008（5）: 40-43.

［198］张海洋. 融资约束下金融互助模式的演进——从民间金融到网络借贷［J］. 金融研究, 2017（3）: 101-115.

［199］张强, 王鑫泽. 农村信用社组织的信息特征及其风险防范［J］. 金融理论与实践, 2000（1）: 8-10.

［200］张林. 四川农村资金互助合作组织运行绩效研究［D］. 雅安: 四川农业大学, 2012.

［201］张林, 冉光和. 加入农村资金互助会可以提高农户的信贷可得性吗?——基于四川 7 个贫困县的调查［J］. 经济与管理研究, 2016, 37（2）: 70-76.

［202］张晓山, 何安耐. 制改革的几点思考［J］. 农业经济问题, 2002（9）: 41-45.

［203］张乐柱, 曹俊勇. 农村金融改革: 反思、偏差与路径校正［J］. 农村经济, 2016（1）: 81-87.

［204］张晓山. 深化农村改革 促进农村发展——三大制约因素、一个基本认识、两类政策措施［J］. 中国农村经济, 2003（1）: 4-12.

［205］张晓山. 改造传统的组织资源——供销社近期改革措施的实证研究［J］. 管理世界, 2001（4）: 128-136.

［206］张德峰. 我国合作金融中的政府角色悖论及其法律消解［J］. 法学评论，2016（1）：59-68.

［207］张德峰. 农村合作金融组织异质社员间利益冲突的法律平衡［J］. 法商研究，2014（4）：90-98.

［208］张德元，潘纬. 农民专业合作社内部资金互助行为的社会资本逻辑——以安徽J县惠民专业合作社为例［J］. 农村经济，2016（1）：119-125.

［209］张轶. 日本农村合作金融的经验对中国农村金融改革的启示［J］. 世界农业，2008（11）：18-19.

［210］张正平，王麦秀，胡亚男. 评级促进了小额信贷机构改进绩效吗？——基于国际数据的实证检验［J］. 天津财经大学学报，2014（2）：42-52

［211］张云燕，刘清，王磊玲，等. 农村合作金融机构信贷风险内控体系评价研究［J］. 中国农业大学学报，2016，21（8）：169-175.

［212］张珩，罗剑朝. 农村合作金融机构资本充足率影响因素研究——以陕西省为例［J］. 农业技术经济，2015（7）：60-69.

［213］张微娜. 农户参与农村资金互助社行为及影响因素研究［D］. 雅安：四川农业大学，2011.

［214］张润驰，杜亚斌，荆伟，等. 农户小额贷款违约影响因素研究［J］. 西北农林科技大学学报（社会科学版），2017，17（3）：67-75.

［215］周立. 谈内生农村金融和垂直合作安排［J］. 银行家，2008（12）：106-108.

［216］周楠，张萍. 我国农村合作金融制度异化的内在缺陷及创新［J］. 武汉金融，2009（2）：19-20.

［217］朱乾宇，罗兴，马九杰. 组织成本、专有性资源与农村资

金互助社发起人控制 [J]. 中国农村经济，2015（12）：49-62.

[218] 赵锦春，包宗顺. 社员异质性与农民资金互助社的资本管理 [J]. 山西财经大学学报，2016（12）：75-88.

[219] 赵锦春，包宗顺. 农民资金互助合作社运行效率及影响因素研究 [J]. 经济问题，2017（2）：79-84.

[220] 赵锦春，包宗顺. 利率市场化、信贷配给与农民资金合作社的风险控制——现象描述、理论模型与数值模拟 [J]. 农村经济，2016（6）：71-76.

附录

附录1　国务院扶贫办、财政部关于开展建立"贫困村村级发展互助资金"试点工作的通知

国开办发〔2006〕35号

河北、山西、内蒙古、黑龙江、安徽、江西、河南、湖南、四川、贵州、陕西、甘肃、宁夏、新疆等省（自治区、直辖市）扶贫办、财政厅（局）：

为有效缓解贫困农户发展所需资金短缺问题，积极探索、完善财政扶贫资金使用管理的新机制、新模式，提高贫困村、贫困户自我发展、持续发展的能力，国务院扶贫办和财政部研究决定，2006年选择你省（区、市）开展建立"贫困村村级发展互助资金"（以下简称"互助资金"）的试点工作，即安排一定数量的财政扶贫资金，在部分实施整村推进的贫困村内建立"互助资金"。同时，村内农户可以以自有资金入股等方式扩大互助资金的规模，村民以借用方式周转使用"互助资金"发展生产。现将有关事项通知如下：

一、试点的目标

（一）帮助贫困村建立"互助资金"，放大财政扶贫资金投入量，

有效缓解贫困村发展生产资金短缺问题，创新财政扶贫模式。

（二）探索建立"互助资金"与农民的生产、技术、销售合作结合的有效方式，在有效缓解贫困村农户资金短缺的同时，促进贫困村各种生产要素的整合，提高贫困村生产经营的水平和市场竞争能力。

（三）在"互助资金"使用管理过程中，提高贫困群众自我管理、自我组织和发展能力，培育专业合作组织和新型农民，丰富贫困地区新农村建设内容。

（四）总结经验，探索路子，培育典型，示范推广，在全国有条件、有需要的贫困村建立起"互助资金"。

二、试点村的选择条件

请你省（区、市）在国家确定的 1~2 个重点县中，共选择 10 个贫困村，作为试点村。试点村至少应具备以下条件：一是正在实施"整村推进"扶贫规划；二是具有一定的资源条件，有产业带动；三是有一个好的领导班子，村风民风淳朴。

三、互助资金的管理

（一）"互助资金"的来源

"互助资金"可由两部分组成：一是按照平均每个试点村 15 万元的额度，专项安排你省（区、市）中央财政扶贫资金 150 万元，用于补助试点村建立"互助资金"。具体每个村补助的额度由你省（区、市）根据试点村实际情况确定。二是鼓励贫困村村内农户以自有资金入股或者其他方式，补充扩大"互助资金"的规模。对贫困农户可采取赠股的办法。

试点村开展试点所需要的有关培训、组织实施费用由你省（区、市）自行解决，中央财政补助的试点资金不能用于这方面的支出。

（二）"互助资金"的使用管理

第一，试点村要召开村民大会或村民代表大会，民主选举公道、正派、有责任心的村民组成"互助资金"管理委员会。管理委员会的职责是组织村民共同制定"互助资金"管理办法（包括管理规则，以及借款的对象、条件、期限、还款的方式、公告公示等），并按管理办法组织实施；负责借款的审批、发放、回收等具体事务。管理委员会接受上级扶贫和财政部门的指导、监督和检查，并接受全体村民的监督。

第二，试点资金应存入农村信用社，但不得以谋取存款利息收入为最终目的。

第三，试点资金由村民民主管理、共同参与，民主决策、共同监督，采取村内互助、有借有还、周转使用、滚动发展的办法。

第四，试点资金主要用于支持贫困村农户开展生产性项目。

第五，试点资金不得对外村放贷，不得变成地下钱庄的资金，不得用于管理委员会工作经费等支出，更不得私分、平分。

四、试点的组织实施

试点省各级扶贫、财政部门要共同配合，密切协作，努力做好试点工作。

试点省扶贫办要有 1 名办领导负责，确定 1 个处室承担具体工作，并与财政部门密切配合，共同选择好试点县和试点村，指导和监督整个试点的开展，按要求及时向国务院扶贫办和财政部报告本省（区、市）试点有关情况。

试点县扶贫办要有一名办领导分管，确定 1 个科室负责具体工作，并与财政部门共同组织实施、监督和指导试点工作，指导试点村制定资金管理的具体办法和实施细则，并监督管理办法的执行；及时了解并解决资金运行中出现的问题；协调有关部门和单位引导贫困户选择好项目，为贫困户发展生产提供必要的信息和技术服务等；按要求及时向上级反映试点的有关情况、提出有关建议等。

　　请你省（区、市）按上述要求抓紧制定开展试点的步骤和措施，尽快确定好试点的县和村。同时，参照四川、云南贵州等省的有关案例（另发），结合本地实际，组织试点村制定试点方案。将你省试点实施步骤和措施及各试点村的试点方案，于 6 月 30 日前汇总报送到国务院扶贫办、财政部备案审核。各试点省（区、市）要认真做好实施试点的各项工作，及时总结经验，反馈信息。

国务院扶贫办

财政部

二〇〇六年五月十八日

附录 2　关于进一步做好贫困村互助资金
试点工作的指导意见

国务院扶贫办 财政部　文件

国开办发（2009）103 号

各省（区、市）扶贫办、财政厅（局）：

自 2006 年全国开展贫困村互助资金（以下简称"互助资金"）试点工作以来，总体进展顺利，成效显著，深受贫困地区干部群众的欢迎。为深入贯彻落实党的十七届三中全会精神，践行科学发展观，进一步明确试点目的和原则，规范试点运行程序，强化监督管理，促进试点工作健康有序发展，现提出如下指导意见。

一、充分认识开展互助资金试点的重要意义

开展互助资金试点是在特定贫困区域，为缓解农村金融发展滞后，金融产品不足，农户生产资金缺乏，制约农业、农村发展特别是贫困农户脱贫致富的突出矛盾，而采取的一种特殊扶贫方式。

实践证明，在贫困村建立互助资金组织，促进贫困农户自我发展，对于强化扶贫工作瞄准性，有效缓解贫困农户发展资金短缺状况，创新扶贫资金使用管理机制，提高贫困农户组织化程度和自我发展能力，增强贫困地区基层组织凝聚力和战斗力，推进基层民主化建设和政府工作方式的转变，具有重要作用，是贯彻落实科学发展观、实现可持续发展的具体行动，也是促进社会和谐的有效举措。各级扶贫和财政部门，要充分认识开展互助资金试点工作的重要性和必要性，将其作为扶贫开发重点工作来抓，高度重视，科学规划，精心组织；既要克服畏难情绪，又要防止一哄而上；要深入调查研究，认真总结经验，不断制定和完善有针对性的措施，做到稳步推进、健康

发展。

二、准确把握互助资金试点的总体目标和基本原则

互助资金试点的总体目标是：创新扶贫模式，有效缓解贫困村、贫困农户生产发展资金短缺问题；探索建立扶贫资金与农民自主经营相结合的有效方式，引导发展支柱产业，培育农民新型合作社和新型农民；提高贫困农户自我管理、自我组织和自我发展的能力，实现可持续发展。互助资金试点的基本原则是：试点严格限制在贫困村，贫困户入社可免交或少交互助金，并享有与其他入社农户同等权利，优先获得资金和技术支持。规范运作和管理，互助社建在行政村，互助资金"不出（跨）村、不吸储"。积极稳妥推进试点，在能力可及、风险可控的基础上，科学合理确定试点规模。对工作积极性高、措施有力、基础扎实、运作规范的省、县，给予重点支持，不搞平均分配。

三、进一步明确互助资金的性质和来源

互助资金是指在贫困村建立的民有、民用、民管、民享、周转使用、滚动发展的生产发展资金。其重点在扶贫，关键在互助，方向在合作。互助资金由财政扶贫资金、村民自愿交纳的互助金、社会捐赠资金等组成。其中财政扶贫资金、捐赠资金及其增值部分归所在行政村的全体村民共同所有；村民交纳的互助金归其本人所有。互助资金使用权归互助社全体社员所有。

四、切实抓好互助资金试点的几个关键环节

为进一步推动试点工作，完善相关制度，规范试点操作程序，切实加强管理，促进互助资金组织健康发展，随同本指导意见，编制和印发《贫困村互助资金操作指南》（以下简称"操作指南"），并将

互助组织名称统一为"村扶贫互助社"（以下简称"互助社"）。互助社在当地民政部门登记注册。各级扶贫与财政部门要严格执行，尤其要抓好以下几个环节。

（一）深入宣传发动。要通过多种形式，确保农户的知情权、参与权、决策权和监督权。深入试点贫困村，宣传互助资金试点的目的、意义和操作方法，做到家喻户晓；广泛发动，激发贫困农户参与试点的积极性和主动性，发挥其主体作用。

（二）组建互助组织。要按照"操作指南"的要求，原则上采用竞争方式选择试点村，在行政村一级建立非营利性的互助社，并通过民主选举产生互助社管理机构和人员。全村贫困农户入社率超过50%，且入社农户总数达到50户以上方能组建互助社。

（三）规范运行规则。要引导互助社社员开展深入、充分的讨论，民主制定符合当地实际的互助社章程和有利于资金周转使用、可持续发展的运作方案，按照《中华人民共和国会计法》《会计基础工作规范》《会计档案管理》和《民间非营利组织会计制度》的规定，建立健全资金管理制度，定期公示公告。

（四）强化能力建设。要加强对互助社管理人员和社员的培训作为一项重要任务，常抓不懈。使管理人员的能力和水平与互助社发展的需要相适应，使社员的自我组织、自我管理和自我发展能力与互助社管理的要求相适应。

（五）建立防范机制。要通过合理限定社员互助金交纳规模、提取风险准备金和制定互助社退出机制等方式，在互助社内部建立起风险防范机制。试点规模较大，试点村数较多的省，可考虑按照试点资金总额提取一定比例的风险准备金，以抵御自然灾害等因素形成的风险。

（六）加强外部监管。各级扶贫和财政部门要建立健全监督检查机制，制定切实可行的措施，随时了解掌握互助社情况，监测和检查互助资金运行状况，及时发现和解决问题，防范和控制风险，确保其健康可持续发展。

五、积极推进互助资金试点的有关要求

（一）加强组织领导。各级扶贫和财政部门要将互助资金试点列入议事日程，明确分管领导和业务处室，指派专人负责，对试点所必需的工作、培训等费用，各地根据试点实际情况给予支持，建立互助资金试点考核办法。

（二）明确部门责任。各级扶贫和财政部门要密切配合，整合资源，明确责任，推动试点工作健康发展。扶贫部门要抓好试点的组织实施、能力培训和检查监管工作；财政部门要及时拨付试点资金，加强对财会人员的培训，强化资金管理使用情况的监督管理。

（三）加大监管力度。各级扶贫和财政部门要进一步完善工作机制，提高监管水平，建立试点工作考核体系。要定期或不定期地开展对试点工作的检查、监测和评估，及时发现和解决出现的新情况和新问题，总结和完善有效做法，推动试点健康、有序发展。试点规模较大、有条件的省、县可依托现有资源和人员，设立专门机构，负责互助资金的监管。有条件的试点村，可使用互助资金管理软件，逐步实现管理的科学化、规范化和信息化。

（四）加强协调配合。要加强与民政、金融、农业、畜牧等有关部门的协调配合，为互助资金试点创造良好的环境，围绕互助社和借款农户的需求，开展多种形式的生产技术和市场信息服务。要充分发挥乡镇和"村两委"的作用，解决互助社运行过程中自身不能解决的困难和问题。要充分发挥大学生村干部和驻村干部的作用，协助提高互助社管理人员的工作水平。

附：《贫困村互助资金操作指南（试行）》

二〇〇九年九月十七日

附录3　贫困村互助资金试点操作指南（试行）

国务院扶贫办 财政部

2009.9

第一章　总　则

一、定义

（一）贫困村互助资金（以下简称"互助资金"）：指以财政扶贫资金为引导，村民自愿按一定比例交纳的互助金为依托，无任何附加条件的社会捐赠资金（以下简称"捐赠资金"）为补充，在贫困村建立的民有、民用、民管、民享、周转使用的生产发展资金。

（二）扶贫互助社（以下简称"互助社"）：指由贫困村村民自愿参加成立的非营利性互助资金组织。

（三）互助社管理机构：包括理事会和监事会（也可用其他名称）。理事会是互助社的执行和日常管理机构，负责互助资金的运行与管理。监事会是互助社内部监督互助资金运行与管理的日常机构。

（四）指导部门：县级及县以上扶贫和财政部门。

二、目标

（一）创新扶贫模式，完善财政扶贫资金使用管理机制。

（二）有效缓解贫困村、贫困农户生产发展资金短缺问题，增加贫困农户收入。

（三）探索建立扶贫资金与农户生产经营相结合的有效方式，引导发展支柱产业，培育农村专业合作组织和新型农民。

（四）提高贫困农户自我管理、自我组织和自我发展的能力，实现可持续发展。

三、原则

（一）互助资金由贫困村组建的互助社负责管理，互助社设在行政村，不得跨行政村设立，在民政部门登记注册为非营利性组织。

179

（二）全村贫困农户中，要有50%以上的贫困户入社，方能组建互助社。

（三）农户加入互助社自愿，退出互助社自由。

（四）加入互助社需交纳互助金；贫困户加入互助社可免交或少交互助金，并享有与其他入社农户同等权利；优先获得资金和技术支持。

（五）加入互助社以户为单位，每户一人加入。实行一人一票表决制。

（六）互助资金在互助社内封闭运行，有借有还、周转使用、滚动发展、利益共享、风险共担。

（七）互助社不得吸储，不得从事其他未经许可的金融和经营活动。

第二章　互助资金

一、构成

（一）互助资金由四部分构成：财政扶贫资金、村民自愿交纳的互助金、无任何附加条件的捐赠资金和互助资金的增值部分。

（二）村民交纳的互助金原则上不高于财政扶贫资金总额的75%。具体比例由村民大会确定。

二、所有权和使用权

（一）所有权　互助资金中财政扶贫资金和捐赠资金及其增值部分归所在行政村的全体村民共同所有。村民交纳的互助金归其本人所有。

（二）使用权　互助资金使用权属互助社全体社员所有。

第三章　互助社组建

一、试点村选择

（一）选择原则

1. 正在实施或已经实施整村推进规划的贫困村；

2. 群众有发展愿望，积极性高，村风民风淳朴，村级班子凝聚力、号召力和战斗力较强的贫困村；

3. 有一定产业发展潜力的贫困村。在满足上述原则的基础上，优先选择贫困程度较深的村。

（二）鼓励以村为单位，采用竞争入围的方式，选择优先实施的贫困村。

专栏1：试点村竞选程序和原则

1. 各预选村抽签决定陈述答辩顺序，按序进行陈述答辩。

2. 除陈述答辩村外，其余村回避。

3. 每村派 3 名代表参加。1 人进行陈述，其他 2 人在规定时间内可以补充。

4. 每个预选村陈述答辩完后，评审组亮分，在下一个预选村陈述答辩前，公布得分情况。

5. 各预选村陈述答辩完毕后，现场公布竞选评审结果。

6. 评审组由县相关部门和预选村所在乡（镇）人员组成。

二、宣传发动

（一）宣传发动目的

让全体村民充分了解互助资金的目的、意义和操作方法，激发村民参与互助社的积极性和主动性，增强其主人翁意识。试点村的宣传发动由县级指导部门负责。

（二）宣传发动内容

宣传发动主要包括以下内容：

1. 互助资金的概念、目标和原则；

2. 互助社的组建，如：社员资格、管理结构、管理人员资格以及管理人员选举方法等；

3. 互助资金的运行管理，如：借款人资格、用途、额度、期限、占用费率、收益分配、监督监测等；

4. 贫困优先原则；

5. 风险管理；

6. 其他需要村民讨论的问题等。

（三）宣传发动步骤

第一步：召开村组干部会。商讨组织发动工作步骤、时间和参加人员，准备宣传发动材料，确定宣传发动人员。

第二步：召开村民小组会。增加补选参加村民代表扩大会议的贫困户和妇女代表，并确定每位代表联系本组农户的名单。村民代表中贫困户的比例不得低于该村贫困户占总户数的比重。

第三步：召开第一次全体村民大会

1. 按照宣传发动内容，向全体村民宣讲互助资金及互助社组建的目标、原则和要求①；

2. 公布村民代表扩大会社员名单和其负责联系的农户；

3. 公布贫困户名单。

第四步：征求意见　全体村民大会结束后，村民代表收集自己所联系的农户对宣讲内容的意见和要求②。

第五步：召开村民代表扩大会议　按贫困户、其他类型农户和妇女代表分成三组，汇总村民在宣传发动过程中提出的意见和建议。在汇总讨论过程中，要更关注贫困户和妇女的意愿和想法。

---

① 宣传材料应通俗易懂，最好提前写出大字报；宣传时用本地的语言和习惯，保证村民都能听懂。

② 宣讲后，至少给村民2天时间进行交流和讨论。

第六步 召开第二次全体村民大会

1. 向全体村民反馈汇总的意见和建议；

2. 形成互助资金运作方案；

3. 推选互助社筹备小组。

第七步 将互助资金运作方案转交给互助社筹备小组。

专栏2：互助资金运作方案

1. 互助社管理结构和人员；

2. 互助社社员资格；

3. 交纳互助金的基准金额；

4. 借款条件：借款人资格、用途、额度、占用费率、期限、还款方式等；

5. 收益分配及管理费标准等；

6. 监督与监测。

三、互助社筹备小组

（一）人员

县级指导部门协助贫困村成立互助社筹备小组，筹备小组成员由村民代表大会推选产生，一般由五到七人组成。筹备小组的成员可以是村两委成员，也可以是一般农户，至少有一名贫困户代表和一名妇女代表。

（二）职责

1. 将本村互助资金运作方案报县级指导部门审核备案；

2. 在县级指导部门协助下，在互助资金运作方案的基础上，起草互助社章程草案；

3. 发动和接受村民加入互助社、接收村民交纳的互助金并登记造册、公示公告村民入社和交纳互助金情况；

4. 草拟互助社管理机构人员选举办法和程序；

5. 筹备并组织召开第一届第一次社员大会，通过选举办法和程序，选举理事会和监事会成员；

6. 向选举产生的理事会移交工作。

四、互助社社员

（一）社员资格

符合以下条件的村民可以成为互助社社员，鼓励妇女入社：

1. 在本村有常年居住户口的农户，每户有一人可以成为互助社社员；

2. 年龄在18周岁以上，有劳动能力；

3. 接受互助社章程，申请加入互助社并交纳互助金。贫困户入社可免交或少交互助金，并享有与其他入社社员同等权利。

（二）社员权利

1. 有互助社管理机构成员的选举权和被选举权；

2. 有从互助社借款的权利；

3. 有退出互助社的自由，但在加入一年后才能申请退出。退出时退还本人所交纳的互助金。

（三）社员义务

1. 遵守互助社章程；

2. 交纳互助金；

3. 退出互助社应提前提出申请，提前申请时间由村民大会讨论确定；

4. 按时按量归还借款本金和占用费。

（四）入社程序

1. 一般农户入社

（1）农户向筹备小组或理事会提出入社申请，填写入社申请表（见附件表1）；

（2）筹备小组或理事会审核申请表；

（3）农户交纳入社互助金；

（4）公示公告入社人员名单；

（5）筹备小组登记造册的，移交给理会事。

2. 免交互助金的贫困户入社

（1）贫困户向筹备小组或理事会提出入社申请，填写入社申请表（见附件表1）；

（2）筹备小组或理事会审核申请表；

（3）筹备小组或理事会公示公告贫困户入社人员名单；（4）筹备小组登记造册的，移交给理会事。

（五）除名

互助社在征得2/3以上社员同意的情况下，有权对无特殊理由拖欠借款不还的社员，追缴借款和占用费后予以除名。交纳的互助资金冲抵欠款后，剩余部分退还。除名后再申请加入互助社，需征得2/3以上社员同意。

（六）互助社可在本条款的基础上，制订详细条例，规定社员权利、义务、加入、退出和除名等条款。

五、互助社社员大会

（一）社员大会是互助社的最高权力机构。

（二）社员大会每年至少召开一次。遇特殊情况，可由管理机构或由1/3以上社员提议，召开临时社员大会；指导部门也有权提议召开临时社员大会。

（三）社员大会的任务

1. 审议并通过互助社章程；

2. 决定互助资金的具体操作规程；

3. 决定互助社的成立和解散；

4. 选举和罢免互助社管理机构成员；

5. 审议批准互助社的财务预决算；

6. 决定其他重大事项。

（四）社员大会决议生效须同时具备以下三个条件：①有 2/3 以上的社员出席；② 2/3 到会人员同意；③表决实行一人一票制。

六、互助社管理机构

（一）理事会

理事会是互助社的执行机构和日常管理机构，负责互助资金的运行与管理。理事会一般由 3~5 名成员组成，包括理事长、会计、出纳等。

1. 理事会成员资格

（1）互助社社员；

（2）愿意承担管理工作，有良好声誉；

（3）初中以上文化程度。

2. 理事会成员推选办法

互助社理事会人员组成由社员大会讨论决定，并经民主选举产生。每届理事会任期为 2~3 年。在任期未结束前，经 2/3 以上的社员同意，可以召开社员大会，提前改选理事会。

3. 理事会职责

（1）组织社员讨论并通过互助社章程；

（2）依据章程制定各项规章制度；

（3）执行章程和各项规章制度；

（4）负责借款的发放和回收；

（5）负责互助资金的安全性和流动性；

（6）负责与指导部门、村委会的联系和协调；

（7）按照要求，定期向指导部门提交报告和报表，并接受监督和检查；

（8）定期向社员大会（或社员代表大会）、监事会、村民大会（或村民代表大会）报告互助资金管理和运转情况。

（二）监事会

监事会是互助社的日常监督机构，一般由 3 人构成，负责监督资金运行和理事会的工作。

1. 监事会成员资格

（1）互助社的社员；

（2）愿意承担管理工作，有良好声誉；

（3）初中以上文化程度。

2. 监事会成员选举办法

互助社监事会人员组成由社员大会讨论决定（但至少要有一名贫困户），并经民主选举产生。监事会成员不得兼任理事会成员。监事会任期与理事会同。在任期未结束前，经 2/3 以上的社员同意，可以召开社员大会，提前改选监事会。

3. 监事会职责

（1）监督理事会执行互助社章程和规章制度情况；

（2）监督借款发放和回收过程；

（3）监督公开公示的程序和内容；

（4）接受互助社社员投诉，与理事会协商解决问题的办法；

（5）向指导部门反映情况，提出意见和建议。

七、互助社章程

（一）互助社章程由筹备小组负责起草，经社员大会审议通过后执行。

（二）互助社章程的修改须经过 2/3 以上社员同意，并报县级指导部门备案。

八、互助社登记注册

（一）互助社在县级民政部门注册登记为非营利性组织。

（二）县级指导部门要积极帮助符合条件的互助社办理登记注册手续，并依法实行监管。

专栏3：民政局登记注册

（一）注册的基本条件

①一般有50个以上的社员；②有规范的名称、章程和相应的组织机构；有固定的办公场所；③有与其业务活动相适应的管理人员；④有规定最低限额的注册资金；⑤有独立承担民事责任的能力。

（二）提交的材料

①指导部门同意筹备和成立的文件；②章程草案；③固定办公场所证明；④拟任负责人简历、身份证复印件、理事长彩色照片；⑤社员名单；⑥社会团体筹备成立申请表；⑦筹备成立社团申请表。

（三）登记注册程序

第一步：向民政局提交互助社章程；第二步：互助社理事会人员简历、身份证复印件、理事长彩色照片；第三步：理事会所在村村委会提供办公场所的证明；第四步：县财政局向民政局提供财政资金证明；第五步：县扶贫办向县民政局提供《关于申请成立XX村扶贫互助社的审查意见》的正式文件。第六步：民政局正式行文批复。

第四章　互助资金运行

一、借款人资格

互助社社员，了解互助社章程及相关规定，可向互助社提出借款申请。

二、组建互助小组

鼓励采用小组互助联保方式使用互助资金。

（一）小组组建　互助社社员按自愿原则，由5~7名成员组成互助小组，并签订互助联保协议（见附件表2）。

（二）小组成员权利义务

1. 参加互助小组活动，交流信息，传递技术。

2. 为小组其他成员借款提供担保。

3. 本小组成员不能按期偿还借款及占用费时，其他成员代为偿还。

4. 小组成员退组自愿。需还清所有借款，且同组其他成员没有逾期借款，方可退出。

（三）小组解散

1. 小组成员还清所有借款后，可自愿解散。

2. 小组成员少于 3 人时，小组成员还清借款后，小组连带责任解除，小组解散。

三、借款用途

（一）互助社的借款原则上用于增加收入的项目，并对环境没有负面影响。

（二）对改变用途、转借他人、偿还其他欠款的借款，互助社有权根据规定，收回借款，并收取占用费。

四、借款原则

（一）借款额度

互助资金的借款为小额借款。单笔借款的最高限额由村民大会讨论决定。

（二）借款占用费率

借款占用费率（包括提前还款的占用费率），按照能覆盖互助社运行成本的原则，由村民大会讨论决定。可参照当地信用社贷款年利率确定。

（三）借款期限

一般不超过 12 个月。具体期限由社员大会讨论决定。

根据以上原则制定的借款条件，如借款人资格、用途、额度、期限、占用费率、收益分配等，写入章程，遵照执行。

（四）贫困户优先

优先发放贫困户借款。每年贫困户借款人数不得低于入社贫困户的 50%；贫困发生率在 30% 以上的贫困村，互助社成立第一年，贫困户借款笔数占当年发放借款笔数的 30% 以上，两到三年内达到 60%以上。

五、还款方式

（一）可以整借零还，也可以整借整还。具体的方式由社员大会确定。

（二）发生人力不能控制的重大自然灾害或借款人家庭成员发生重大变故（包括意外事故身亡、残废、重病）等，经一半以上的社员同意，借款可展（延）期一次。

（三）不允许借款重置（以新还旧）。

六、借还款程序

（一）借款

优先向符合条件的贫困户社员和妇女社员发放借款。

1. 借款人向理事会提出申请。采用小组联保的，借款申请需经小组成员签字同意；

2. 理事会审查，批准或否决借款申请；

3. 理事会与借款人签订借款合同，发放借款；

4. 理事会公告借款情况。

（二）还款

1. 借款本金和占用费按章程的规定偿还。还款时，会计须开具收据，出纳和还款人签字；

2. 对不能偿还的借款，启动联保程序，小组成员承担连带还款责任。在借款未还清前，小组成员不得借款；

3. 每月公告还款情况。

（三）逾期还款

对发生人力不能控制的重大自然灾害或借款人家庭成员发生重大变故（包括意外事故身亡、残废、重病）等，不能按时偿还的借款，由借款人提出申请，理事会审核，提交社员大会讨论决定是否延长还款期。

七、呆坏账核销

呆坏账的认定和核销，须提交互助社全体社员大会讨论通过，报村委会并向县级指导部门提出书面申请，经审查批准后核销。

八、收益分配

互助资金本金不能用于分配。借款占用费收入可用于分配，分配方案由社员大会讨论决定。分配原则和顺序如下：

（一）运行成本。包括办公成本和管理人员误工补助。运行成本的提取要有利于持续发展。

（二）公益金。按不低于占用费收入的 10% 提取公益金。用于贫困户或村内公益事业，具体用途由社员大会讨论决定；

（三）公积金。扣除运行成本和公益金后的剩余部分作为公积金转入本金。

第五章　管理与监督

一、财政扶贫资金管理

（一）拨付条件

拨付财政扶贫资金须满足下列条件：

1. 互助社已成立，并在正规金融机构开设专用账户；

2. 建立了规范的财务管理制度。

（二）拨付方式

财政扶贫资金可一次拨付，也可分次拨付。

二、财务管理

（一）管理人员及职责分工

1. 根据《中华人民共和国会计法》，理事长全面负责村级互助社财务管理，会计和出纳不得由同一人担任。

2. 会计主要负责互助社资金管理和财务核算工作。负责按国家有关法规和财务规章制度及项目有关要求，及时进行会计制单、总账与明细账的记账工作，编制财务报表及报表说明；负责个人借款台账的建立和登记工作；负责财务业务的审查与复核、计算互助社应收回的本金和占用费；负责财务凭证资料的收集、整理、装订和财务档案的管理工作；接受财务审计与监督，及时向理事会或上级财务主管部门反馈财务活动和核算中出现的重大问题等。

3. 出纳负责具体办理现金收付、保管与银行结算业务。根据合法、合规的财务手续及时办理现金和银行收支业务；负责使用银行财务票据，办理其领用和注销手续。对所开票据按时登账；及时进行现金日记账和银行存款日记账的记账工作；定期与会计对账，做到手续齐备、日清月结，账表相符、账实相符；负责互助社内部个人借款的催收，做到上账不清、下账不借，严禁公款私用。

4. 财务人员应保持相对稳定，确因工作需要变动时，必须按《会计基础工作规范》规定办理移交手续，移交时要有相关负责人在场监交，并由移交人、接收人和监交人签字。

（二）印章与印鉴的管理

1. 互助社需要使用的印章主要包括：行政公章、财务专用章、财务预留银行的个人印鉴等。

2. 各种专用印章应采用"专人使用、专人保管、专人负责"的办法。原则上行政专用公章由理事长保管，财务专用章由会计保管、银行预留个人印鉴由会计、出纳分别保管。银行预留印鉴和支付款项的全部印鉴严禁同一人保管。

（三）现金管理

1. 提取现金须经理事长同意并签字。

2. 每次回收的现金，应在当天或次日存入专用账户。

3. 提存现金须由出纳和至少一名理事会其他成员一起完成。

4. 库存现金不超过 500 元。

（四）银行存款管理

互助社应当严格按照《支付结算办法》，加强银行账户的管理，按有关规定办理存款、取款和结算，严禁签发空头支票。理事会与监事会应当定期检查银行账户的使用情况，核对银行对账单。

三、风险控制

（一）借还款方式

为了降低借款的风险，可采取以下一种或几种方法：

1. 小额、短期、分期还款；

2. 对不能按时还款的借款人及联保小组其他成员停止发放借款；

3. 提高逾期借款占用费率；

4. 互助小组同时使用借款的成员不能超过 2/3；

5. 优先向妇女社员发放借款；

6. 保留法律起诉的权利。

（二）提取风险准备金

1. 风险准备金按年底借款余额的 3% 加上逾期借款总额 20% 提取。

2. 风险准备金只能用于呆坏账的核销，不得用于发放借款。

四、建立互助社退出机制

（一）出现以下运转不正常情况，经整改无明显好转，进入退出程序：

1. 违反第一章规定的原则；

2. 没有按章程的规定管理和使用互助资金；

3. 财政扶贫资金到位 6 个月后，借款比例连续 6 个月低于互助资金总额的 50%；

4. 互助资金不良借款率超过 15% 以上（不良借款指逾期 30 天和 30 天以上的借款）；

5. 互助资金净值①低于互助资金总额的 75%；

6. 违反了第四章第四款第四条贫困优先的规定。

---

① 互助资金净值=借款余额+银行存款余额+现金余额−其他应付款

（二）退出程序

互助社退出可由村委会、互助社或县级指导部门提出，经县级指导部门认定执行，报省级指导部门备案后，注销互助社。同时，抄报国务院扶贫办和财政部。

（三）债权债务清算顺序

根据章程，清算债权债务。因不可抗因素（如自然灾害①等）造成的损失按互助资金构成比例承担；因其他因素造成的损失，由责任人承担。按以下顺序清算：

1. 扣除运行成本。包括人工成本和非人工成本；

2. 退还村民交纳的互助金；

3. 剩余的财政扶贫资金和捐赠资金，经全体村民讨论，用于本村的扶贫公益事业或其他扶贫项目。

五、外部监督

（一）互助社的外部监督，主要由县级指导部门负责。其职责是：

1. 定期开展现场监测；

2. 定期向上级部门提交监测报告；

3. 受理投诉；

4. 配合审计部门对互助资金进行审计；

5. 负责指导互助社退出。

（二）方法

1. 现场监测　现场监测每季度至少进行一次，每次现场监测需有书面记录和报告。现场监测内容应包括：

（1）互助资金运转是否正常（不正常的定义见第五章第四款）；

（2）账务记录，银行交易记录，报表是否符合要求；

（3）理事会公示借款和还款情况；

（4）通过社员和借款户访谈，了解借款户是否符合条件，手续是否完备，是否有为他人代借的情况，是否有垒大户的情况，社员和借款户

---

　① 自然灾害：指国家和省级部门正式宣布的对农业生产造成重大影响的自然灾害。

的贫困程度，借款的用途，社员和借款户对资金运行的意见和评论；

（5）非社员村民和村委会成员访谈。

2. 问卷调查

外部监测机构可以对农户开展问卷调查，了解其对村互助社运行的满意程度，借款使用效益等。通过监测发现资金运转不正常或存在其他重大违规情况，按手册第五章第四款处理。

3. 非现场监测

非现场监测包括审查和分析互助社上报的各类报表，设立投诉电话，受理社员和其他村民的来信、来访，并在调查研究的基础上给予答复。

第六章　能力建设

县级指导部门负责组织开展互助社管理人员和社员的培训，不断提高管理人员的能力、水平和社员的自我组织、自我管理和自我发展能力。培训可采用宣讲、可视技术、参与式、案例和实地培训相结合等方法进行。必要时可请专家协助。

一、互助社管理人员的培训

（一）培训目的：了解掌握互助社章程、制度和操作程序；熟练进行账务处理和监督。

（二）培训内容：

1. 互助资金试点的目标和原则；

2. 互助资金运作规则；

3. 财务管理与风险控制；

4. 内部监督；

5. 互助资金管理和技术培训。

二、互助社社员的培训

（一）培训目的：使互助社社员熟悉和了解互助社的章程、规章制度和互助资金的运行程序。

（二）培训内容：互助社章程、借还款程序等。

第七章 附件

表1   _____村扶贫互助社

入 社 申 请 表

申请人家庭住址：   乡   村   组

是否是贫困户：		是 □	否 □	
姓名	性别	出生年月	文化程度	身份证号码
家庭主要成员构成				
姓名	性别	与申请人关系	出生年月	文化程度
申请人承诺	本人经过慎重考虑，自愿加入扶贫互助社，并自愿交纳入社互助金。我将遵守扶贫互助社章程，按照互助社确定的规章制度使用好互助资金、按期准时偿还借款本金和占用费。			
	我了解互助小组联保的所有制度并将严格遵守以下几点：①如果我所在小组的任何小组成员不能偿还他/她的借款，我及我同组的其他成员有义务替他/她偿还；②如果我所在小组的任何小组成员未能偿还借款或逾期偿还，与我同组的其他组员今后将不能获得借款；③如果我本人和所在小组有人未偿还完借款，我不能退社和退互助金；④我及小组所有成员对项目的实施进行相互督促、相互监督。			
申请人签名	上述承诺是本人真实意愿表述。 　　　　　　　　签名（盖章）： 　　　　　　　　申请时间：　　年　月　日			
理事会意见	同意在其交纳互助金后，参加互助社。 　　　　　　　　理事长签名（盖章）： 　　　　　　　　批准时间：　　年　月　日			

196

表2 　　　＿＿＿村扶贫互助社小组借款互助联保协议
（第　　组）

我们承诺：

　　遵守互助社章程，执行互助社决议；本小组成员申请借款时，其他成员均为其签字担保；本小组成员不能偿还借款时，其他成员有责任替其偿还，代为偿还后，有权向其追讨债务；本小组成员未能偿还借款或逾期偿还，其他成员不能获得借款；承担小组联保责任，直至每笔借款本息还清，方可解除连带担保责任；本小组成员未偿还完借款，其他成员不能退社和退互助金。

序号	社员姓名	性别	年龄	社员签名	配偶或户主签名	备注
1						
2						
3						
4						
5						
6						
7						
8						
9						
10						

　　小组长签字：

年　　月　　日

表3 　　　　村扶贫互助社借款申请审批表

互助社：

　　我们保证遵守互助社章程，执行互助社决议，按时偿还借款本金和占用费，小组社员之间按联保协议负联保清偿以及其他违约责任。

　　现我小组共计有社员　　名，本次申请借款社员　　名，申请借款额度　　元，请互助社接受我小组成员的申请，并给予借款。

　　小组长签名（盖章）：

　　小组成员签名（盖章）：

　　附：申请借款社员的基本情况

　　　　　　　　　　年　月　日

序号	姓名	性别	年龄	申请额（元）	经营项目	理事会核定额(元)	借款情况（第　批）
1							
2							
3							
4							
5							
6							
7							
8							
9							
10							
11	合计						

　　理事长签字：　　　　　　　　　　年　月　日

表4

编号：

县 　村扶贫互助社借款约据

年　月　日

借款人		身份证号		乡　村　组	小组号：
借款用途	借款种类	借款期限	首次到期日期	年　月　日	月占用费率：　‰
		分　个月 次偿还			
借款金额	大写：				￥：　　元

双方约定必须遵循以下条款并承担法律责任

借款人：
1. 借款人保证遵守互助社的章程；
2. 借款人必须按申请项目使用，不得转借和顶替（他）人使用；
3. 借款人从第三个月开始归还借款，每月按时等额偿还本金和占用费；
4. 如果借款人转移挪用借款或中途拖欠款，互助社有权随时额偿还本金及占用费；
5. 拖欠款时，按超期时间以月占用费率的两倍交纳讨息。

互助社：
1. 保证足额发放借款；
2. 不得擅自提前收回本金和占用费；
3. 借款有效期内，不得随意调整借款占用费率和还款条件。

第　　联

互助社（公章）		借款人：
理事长：	出纳：	领款人：
	合计：	

注：第1联（黑色）存根、第2联（红色）农户、第3联（绿色）记账、第4联（蓝色）执行小组

199

表 5   **封面**

XXX 村扶贫互助社社员证

社员姓名＿＿＿＿＿＿

社员编号＿＿＿＿＿＿

村互助社理事会

封底

此卡应妥善保存，不得涂改和丢失，保持整洁和完整

＿＿＿＿＿＿村互助社理事会盖章

＿＿＿年＿＿月＿＿日

第一页　　　　　接纳为互助社社员的说明

第二页　　　　　互助社章程

第三页起　　　　社员一般借款和还款信息（见下表）

最后一页　　　　社员紧急借款和还款信息（同下表）

第三页　　　　　**社员借款和还款基本信息**

时间	借款金额（元）	偿还借款本金和占用费										借款余额（元）	出纳签名	备注
		偿还本金额					偿还占用费额							
		佰	拾	元	角	分	佰	拾	元	角	分			

表6　　　　　　　　村扶贫互助社借款花名册

放款日期：　　　　年　月　日

序号	姓名	经营项目	实际借款（元）	借款期限	借款占用费率	备注
1						
2						
3						
4						
5						
6						
7						
8						
9						
10						
11						
12						
13						
14						
15						
16						
17						
18						
19						
20						
21						
22						
23						
24						
25						
26						
27						
28						
29						
30						
31	合计					

理事长：　　　　　会计：　　　　　　出纳：

表7 　　　　　　　村扶贫互助社还款收据

编号：

还款日期：　　　年　　月　　日　　　　　　　　　　共3联

还款人姓名		
收回本金（元）	收回占用费（元）	收回罚款（元）
还款金额	人民币（大写）　　　　　　　￥	

理事长：　　　　　　　会计：　　　　　　出纳：

表8   _____ 村扶贫互助社每月收款表

年   月   日   单位：元

1	2	3	4	5	6	7		8		9	
序号	姓名	小组号	借款用途	放款日期	借款金额	截至上月底还款额		本月还款额		累计还款额	
						本金	占用费	本金	占用费	本金	占用费
1											
2											
3											
4											
5											
6											
7											
8											
9											
10											
11											
12											
13											
14											
15											
16											
总额											

理事长：   会计：   出纳：

表9　　_____村扶贫互助社借款逾期情况月报表

姓名	借款金额	借款日期	截至上月累积逾期本金	本月应还本金	本月实还本金	本月逾期本金	截至本月累计逾期金额	备注

出纳：　　　　会计：　　　　　　　　理事长：

表 10 　　　　　村扶贫互助社借款质量表

报表期间：___年_月_日至___年_月_日

序号	内容	期初数（即上月累计数）	本月发生	累计数
1	社员人数			
2	入社人数			
3	退社人数			
4	互助金余额			
5	收取互助金			
6	退回互助金			
7	借款小组数			
8	借款社员人数			
9	发放借款总额（元）			
10	发放借款总笔数（笔）			
11	总借款余额（元）			
12	借款余额笔数			
13	正常借款余额（元）			
14	逾期借款余额（元）			
15	逾期借款笔数			
16	逾期率			
17	应收借款本金			
18	实收借款本金			
19	本金还款率 2（含提前还款）			
20	提前还本金额（元）			
21	本金还款率 1（不含提前还款）			
22	占用费收入（元）			
23	费用支出（元）			
24	银行存款（元）			
25	库存现金（元）			

制表：

审核人：

监督：

附录4　贫困村互助资金试点指导手册（试行）

国务院扶贫办规划财务组

财政部农业司

序　言

　　从 2006 年开始，国务院扶贫办和财政部共同组织在全国 14 个省（区）的 140 个村开展了"贫困村村级互助资金试点"，旨在探索和完善财政扶贫资金使用管理新机制，缓解贫困村、贫困户生产发展资金缺乏、贷款难问题，增加贫困群众收入，提高贫困村、贫困户自我积累、互助互济和持续发展能力。2007 年，试点扩大到 27 个有扶贫开发任务的省（区、市），新增试点村 274 个。同时，开展了世界银行第五期技术援助贫困社区滚动发展模式研究与试点项目（简称"社区资金项目"）。从各地反映的情况看，试点开局良好、进展顺利、运行正常。

　　贫困村村级互助资金试点得到了贫困地区广大干部群众，特别是贫困农户的欢迎，也得到了有关领导和专家的肯定和好评。村级互助资金发挥了群众在扶贫开发中的主体作用，一定程度上缓解了贫困村生产发展资金不足的矛盾，促进了村民民主管理与和谐农村社区建设，增强党在基层的执政能力。由于试点时间较短，各地试点进展不平衡，存在资金运行管理不规范、能力建设不配套和监管不到位等问题。

　　为加强指导、规范管理，推动村级互助资金试点工作健康发展，我们在深入调查研究和认真总结各地试点经验，包括社区资金项目经验的基础上，组织起草了《贫困村互助资金试点指导手册》。现将

《贫困村互助资金试点指导手册》印发各地参照使用。在坚持宗旨、目标和原则的前提下，各地可结合本地实际创新和探索。

国务院扶贫办规划财务组

财政部农业司

二〇〇八年五月

第一章 总则

一、宗旨

积极探索和完善财政扶贫资金使用管理的新机制，增加贫困群众收入，提高贫困村、贫困户自我积累、自我管理、互助互济和持续发展的能力。

二、目标

（一）帮助贫困村建立互助资金组织（以下简称互助组织），放大财政扶贫资金投入量，缓解贫困村发展生产资金短缺问题，创新扶贫模式，实现可持续发展。

（二）探索建立扶贫资金与农民生产经营相结合的有效方式，促进贫困村各种生产要素的整合，提高贫困村生产经营水平和市场竞争能力。

（三）提高贫困群众自我管理、自我组织和自我发展的能力，培育专业合作组织和新型农民。

（四）总结经验，探索路子，培育典型，示范推广，逐步在全国有条件、有需要的贫困村建立互助组织。

三、原则

（一）互助资金由贫困村组建的互助组织负责管理，互助组织设在行政村内，不得跨行政村设立。鼓励互助组织登记注册为非营利性的组织。

（二）农户加入互助组织自愿，退出互助组织自由。

（三）加入互助组织需缴纳互助金。

（四）加入互助组织以户为单位，每户一人加入。实行一人一票表决制。

（五）互助资金在互助组织内封闭运行，有借有还、周转使用、滚动发展、不得私分、利益共享、风险共担。

（六）坚持贫困户优先扶持原则。

1. 贫困户加入互助组织需缴纳的基准互助金，由投入到贫困村的财政扶贫资金承担，贫困户享有相应的借款、收益等权利；

2. 互助资金优先支持贫困农户发展生产。互助组织在审批和核定借款时，优先批准贫困户的借款；

3. 对贫困户优先原则执行情况进行跟踪监测；

4. 通过多种方式帮助贫困户发展生产，提高能力。

（七）互助组织不得吸储和从事其他未经许可的金融和经营活动。

四、定义

（一）贫困村互助资金（以下简称"互助资金"）：是指以财政扶贫资金为引导，村民自愿按一定比例缴纳的互助金为依托，无任何附加条件的社会捐赠资金（以下简称"捐赠资金"）为补充，在贫困村建立的民有、民用、民管、民享、周转使用的生产发展资金。

（二）互助资金组织：是指由贫困村村民自愿参加成立的非营利性的互助合作组织。

（三）互助组织管理机构：包括理事会和监事会（也可用其他名称）。理事会是互助组织的执行和日常管理机构，负责互助资金的运行与管理。监事会是互助组织内监督互助资金运行与管理的日常机构。

（四）指导部门：县级及县以上扶贫、财政部门。

第二章　互助资金

一、构成

（一）互助资金由三部分构成：财政扶贫资金、村民自愿缴纳的互助金和捐赠资金。

（二）财政扶贫资金增值部分扣除支付贫困户的收益分配后，剩余部分和捐赠资金增值部分转入本金。

二、所有权、使用权和收益权

（一）所有权

互助资金中财政扶贫资金和捐赠资金及其增值部分①归所在行政村的全体村民所有。村民缴纳的互助金及其增值部分归其本人所有。

（二）使用权

1. 互助资金运转正常的情况下，资金使用权属互助组织全体成员所有。

2. 在互助资金运转不正常的情况下，进入退出程序（见本章第三款）。

（三）收益权

互助资金使用中产生的占用费收益，在扣除运行成本和风险准备金后，根据互助资金构成按比例分配。村民缴纳的互助金增值部分归其本人所有，财政扶贫资金增值部分扣除支付贫困户的收益后，剩余部分和捐赠资金增值部分转入本金。

增值部分：指扣除资金运行成本以后的增值。

三、互助资金退出

（一）互助资金运转中发生以下情况之一视为运转不正常，经整改仍无明显好转，应进入退出程序：

1. 互助组织违反了第一章规定的原则；

2. 互助组织没有按章程的规定管理和使用互助资金；

3. 财政扶贫资金到位 6 个月后，互助资金的借款比例连续三个月低于百分之五十；

4. 互助资金的不良借款率超过百分之十五以上（不良借款指逾期 30 天和 30 天以上的借款）；

---

① 增值部分：指扣除资金运行成本以后的增值。

5. 互助资金的净值①低于财政扶贫资金和村民自愿缴纳的互助资金总额的百分之七十;

6. 互助资金没有按有关规定管理,财务管理混乱。

(二) 互助资金退出原则

互助资金运行不正常,进入退出程序时,应按以下原则退出:

1. 扣除运行成本,包括人工成本和非人工成本;

2. 因不可抗因素 (如自然灾害②等) 造成的损耗按互助资金构成比例承担;因其他因素造成损耗的,由责任人承担;

3. 退还村民缴纳的互助金;

4. 剩余的财政扶贫资金和捐赠资金的投入,经全体村民讨论后,用于本村的扶贫公益事业或其他扶贫项目。

(三) 互助资金退出程序

互助资金运转不正常,整改后仍不见效,由村委会或互助组织启动退出程序,经县级指导部门认定执行,报省级指导部门备案。同时,抄报国务院扶贫办和财政部。

第三章　互助资金组织

一、试点村选择

(一) 选择原则

1. 正在实施或已经实施整村推进规划的贫困村;

2. 群众有发展愿望,积极性高,村风民风淳朴,村级班子凝聚力、号召力和战斗力较强的贫困村;

3. 有一定产业发展潜力的贫困村;

在满足上述原则的基础上,优先选择贫困程度较高的村;

(二) 鼓励以村为单位,采用竞争入围的方式,选择优先实施的贫困村。

---

① 互助资金净值=借款余额+银行存款余额+现金余额-其他应付款
② 自然灾害:指国家和省级部门正式宣布的对农业生产造成重大影响的自然灾害。

专栏1：试点村竞选程序和原则

1. 各预选村抽签决定陈述答辩顺序，按序进行陈述答辩。

2. 除陈述答辩村外，其余村回避。

3. 每村派3个代表参加，由1人进行陈述，其他人在规定时间内可以补充。

4. 每个预选村陈述答辩完后，评审组亮分，主持人报分，计分员按去掉1个最高分和1个最低分，然后求平均分的方法计算该村得分，主持人在下一个预选村陈述答辩后，公布上一个预选村得分情况。

5. 各预选村陈述答辩完毕后，现场公布竞选评审结果。

6. 评审组由县主管部门和预选村所在乡（镇）人员组成。

二、组织动员

试点村的组织动员由县级指导部门负责。

（一）宣传发动

宣传发动主要包括以下内容：

1. 互助资金的概念、宗旨和目标；

2. 互助组织的组建，如互助组织成员资格、互助组织的管理结构和管理人员资格、互助组织管理人员选举方法等；

3. 互助资金的运行管理，如借款类型、用途、额度、期限、占用费、收益分配、监测等；

4. 贫困优先原则；

5. 风险管理；

6. 其他需要村民讨论的问题。

（二）组织动员的步骤

第一步：召开村组干部会。商讨组织动员工作步骤、时间和参加人员，准备宣传发动材料，确定宣传发动人员。

第二步：召开村民小组会，增加补选参加村民代表扩大会议的贫困户和妇女代表，并确定每位代表联系本组农户的名单。村民代表中贫困户的比例不得低于该村贫困户占总户数的比重。

第三步：召开第一次全体村民大会

1. 按照宣传发动内容，向全体村民宣讲互助资金及互助组织①；

2. 公布村民代表扩大会成员名单和其负责联系的农户；

3. 公布各组认定的贫困户。

第四步：征求意见

宣传材料应通俗易懂，最好提前写出大字报；宣传时用本地的语言和习惯，保证村民都能听懂。全体村民大会结束后，村民代表征求自己所联系的农户对宣讲内容的意见和要求②。

第五步：召开村民代表扩大会议

按贫困户、其他类型农户和妇女代表分成三个组，汇总村民在宣传发动过程中提出的意见和建议。在汇总讨论过程中，要更关注贫困户和妇女的意愿和想法。

第六步：召开第二次全体村民大会

1. 向全体村民反馈汇总的意见和建议；

2. 形成互助资金实施方案。

专栏 2：互助资金实施方案

1. 互助组织管理结构和人员；

2. 互助组织成员资格；

3. 缴纳互助金的基准金额；

4. 借款条件：借款人资格、用途、额度、占用费率、期限、还款方式等；

5. 收益分配及管理费用标准等；

6. 监督与监测。

---

① 宣传材料应通俗易懂，最好提前写出大字报；宣传时用本地的语言习惯，保证村民都能听懂。

② 宣讲后，一般应保留两天时间给村民进行交流和讨论。

第七步：将实施方案转交给互助组织筹备小组。

三、互助组织筹备小组

（一）人员

县指导部门协助贫困村成立筹备小组，筹备小组成员由村民代表大会推选产生，一般由 5~7 人组成。筹备小组的成员可以是村两委成员，也可以是一般群众，必须有一名贫困户代表和一名妇女代表。

（二）职责

1. 在县指导部门协助下，在互助资金实施方案的基础上，起草互助组织章程草案；

2. 发动和接受村民加入互助组织、接收村民缴纳的互助金并登记造册、公示公告村民入互助组织和缴纳互助金情况；

3. 制定互助组织理事会成员选举办法和程序；

4. 筹备并组织召开第一届第一次成员大会，选举互助组织理事会和监事会；

5. 向选举产生的互助组织理事会移交工作。

四、互助组织成员

（一）成员资格

符合以下条件的村民可以成为互助组织成员，鼓励妇女加入互助组织：

1. 在本村有常年居住户口的农户，每户有一人可以成为互助组织的成员；

2. 年龄在 18 周岁以上；

3. 接受互助组织章程，申请加入互助组织并缴纳一定数额的互助金，贫困户加入互助组织需缴纳的基准互助金，由投入到贫困村的财政扶贫资金承担。

（二）成员权利

1. 有互助组织管理机构成员的选举权和被选举权；

2. 有申请从互助资金借款的权利；

3. 所缴纳的互助金有获得分配收益的权利;

4. 有退出互助组织的自由,但在加入互助组织的第一年内不得退出,退出时退还本人所缴纳的互助金。

(三)成员义务

1. 遵守互助组织章程;

2. 缴纳互助金;

3. 退出互助组织应提前告知,告知时间由村民大会讨论;

4. 按时按量归还借款本金和占用费。

(四)除名

互助组织在征得三分之二以上成员同意的情况下,有权对无特殊理由拖欠借款不还的成员,追缴借款和占用费后予以除名。

(五)互助组织可在本条款的基础上,制订详细条例,规定成员权利、义务、加入和退出等条款。

五、互助组织成员大会

(一)成员大会为互助组织的最高权力机构。

(二)成员大会至少每年召开一次。遇有特殊情况可由管理机构或由三分之一以上成员提议,召开临时成员大会。上级主管部门也可提出召开临时成员大会的建议。

(三)成员大会的任务

1. 审议通过互助组织章程;

2. 决定互助资金的具体操作规程;

3. 决定互助组织的成立和解散;

4. 选举和罢免理事会及其成员;

5. 审议批准互助组织的财务预决算;

6. 决定其他重大事项。

(四)成员大会决议生效须同时具备以下三个条件:①有 2/3 以上的成员出席;②2/3 到会人员同意;③表决实行一人一票制。

六、互助组织管理机构

（一）理事会

理事会是互助组织的执行机构和日常管理机构，负责互助资金的运行与管理。互助组织理事会一般由 3~5 名成员组成，包括理事长、会计、出纳等。

1. 理事会成员资格

（1）互助组织的成员；

（2）愿意承担管理工作，有良好声誉；

（3）初中以上文化程度。

2. 理事会成员推选办法

互助组织理事会人员组成由成员大会讨论决定，并经民主选举产生。每届理事会任期为 1~3 年。在任期未结束前，经三分之二以上的互助组织成员同意，可以召开成员大会，提前改选理事会。

3. 理事会职责

（1）组织成员讨论通过互助组织章程；

（2）依据互助组织章程制定各项规章制度；

（3）执行互助组织的章程和各项规章制度；

（4）负责借款的发放和回收；

（5）负责互助资金的安全性和流动性；

（6）负责与互助组织的上级主管部门和村委会联系和协调；

（7）按照项目要求，定期向互助组织的主管部门提交报告、报表，并接受监督和检查；

（8）定期向成员大会、代表大会、监事会或村民大会报告互助资金管理和运转情况。

（二）监事会

监事会是互助组织的日常监督机构。监事会一般由 3 人构成，负责监督资金运行和理事会的工作。

1. 监事会成员资格

（1）互助组织的成员；

（2）愿意承担管理工作，有良好声誉；

（3）初中以上文化程度。

2. 监事会成员选举办法

互助组织监事会人员组成由成员大会讨论决定，并经民主选举产生。每年改选一次。监事会成员不得兼任理事会成员。

专栏3：理事会成员产生方法

第一步：村民缴纳互助金成为互助组织成员，获得选举权和被选举权；

第二步：互助组织成员以海选的方法选举出理事会人员候选人，每人按岗位分别推荐一名候选人；

第三步：候选人中得票最多的前两名，参加竞选，发表演讲；

第四步：按岗位分别选举产生理事会成员，选举顺序为：理事长、会计、出纳等理事会成员。

---

3. 监事会职责

（1）监督理事会执行互助组织章程和规章制度情况；

（2）监督借款发放和回收过程；

（3）监督理事会定期上报项目执行情况；

（4）监督公开公示的程序和内容；

（5）接受互助组织成员投诉，与理事会协商解决问题的办法；

（6）向上级部门反映情况、意见和建议。

七、互助组织章程

（一）互助组织章程由筹备小组负责起草，经成员大会审议通过后执行；

专栏4：互助组织章程主要内容

1. 总则：互助组织名称、所在地、成立理由、主管部门等；

2. 业务范围：包括加入互助组织、退出互助组织，借款发放、回收，互助资金管理、监督，报送各类项目财务、监测报表等；

---

3. 成员：为代表家庭的个人成员，加入互助组织的必备条件，享有的权利和履行的义务等；

4. 组织机构产生、罢免：互助组织的最高权力机构是全体成员大会，成员大会的职责权限及召开时间等，理事会人员构成，产生和罢免程序，理事会成员资格和职责分工等；

5. 资金管理、使用原则：互助资金来源，各类借款的具体条件，包括借款额度、期限、占用费率、偿还办法、发放回收程序、收益分配及用途和一般财务规定等；

6. 章程修改程序；

7. 终止程序及终止后的财产处理；

8. 附则。

（二）互助组织章程的修改须经过三分之二以上成员同意，且报上级主管部门备案。

八、互助组织登记注册

（一）互助组织是互助资金运行和管理的主体。鼓励其在县级民政部门注册登记为非营利性的互助合作组织；

（二）县级指导部门要积极帮助符合条件的互助组织在当地民政部门登记注册，并依法对其实行有效的监管。

专栏5：民政局登记注册

1. 注册的基本条件

①有50个以上的个人或者30个以上的单位会员；②个人会员和单位会员混合组成的，会员数不少于50个；③有规范的名称、章程和相应的组织机构；有固定的住所；④有与其业务活动相适应的专职工作人员；⑤有规定最低限额的注册资金；⑥有独立承担民事责任的能力。

2. 提交的材料

①业务主管单位同意筹备成立的文件；②章程草案；③住所使

用权证明；④验资报告；⑤拟任负责人简历和身份证复印件；⑥会员名单；⑦社会团体筹备成立申请表；⑧筹备成立社团申请表。

3. 登记注册程序

第一步：向民政局提交互助组织章程；第二步：互助组织理事会人员简历、身份证复印件、理事长彩色照片；第三步：理事会所在村村委会提供办公场所的证明；第四步：县财政局向中介机构，如会计师事务所提供财政资金证明；第五步：民政局向同一中介机构提供准予注册的信函，该中介机构向民政局提供验资报告；第六步：县扶贫办向县民政局提供《关于申请成立XXX互助组织的审查意见》的正式文件；第七步：民政局正式行文批复。

第四章　互助资金运行

一、借款人资格

（一）符合下列所有条件的村民可以向互助组织申请互助资金借款。

1. 互助组织的成员；

2. 家庭有劳动力和增收项目；

3. 接受过有关互助组织章程的培训。

（二）优先向符合上述条件的贫困户成员和妇女成员发放借款。

二、借款用途

（一）互助组织的借款只能用于增加收入的项目，并对环境和社区没有负面影响。

（二）发现有以下行为的，互助组织有权根据章程的规定，收回借款和占用费。

1. 没有把借款用于以上的用途；

2. 把借款转借他人；

3. 用借款偿还其他欠款。

三、借款原则

（一）借款额度

互助资金的借款为小额借款。一般情况下，第一次单笔借款的最高限额为 3 000 元，以后单笔借款的最高限额由村民大会讨论决定。

（二）借款占用费率

借款占用费率（包括提前还款的占用费率），按照能覆盖互助组织运行成本的原则，由村民大会讨论决定。可参照当地信用社贷款年利率确定。

（三）借款期限

1. 互助组织借款为短期借款，可按生产周期确定借款期限，一般不超过 12 个月。具体借款期限由成员大会讨论决定；

2. 借款人在归还借款后可以申请下一次借款。

根据以上原则制定的借款条件，如借款类型、用途、额度、期限、占用费、收益分配等，应写入章程，遵照执行。

四、还款方式

（一）借款本金可以整借整还，也可以整借零还。具体的还款方式由成员大会确定。

（二）展（延）期还款和借款重置（以新还旧）：

1. 除非发生以下情况，不允许对借款进行展（延）期：①发生人力不能控制的重大自然灾害；②借款人家庭成员发生重大变故，包括意外事故身亡、残废、重病；

2. 经超过一半以上的成员同意；

3. 同一笔借款，最多只能展（延）期一次；

4. 不允许对借款进行重置（以新还旧）。

五、借还款程序

（一）借款

1. 借款人向理事会提出申请。如小组联保，需提供小组联保协议书；

2. 理事会对借款申请进行审查，批准或否决借款申请；

3. 理事会与借款人签订借款合同，发放借款；

4. 理事会公告借款申请的审查结果。

（二）还款

1. 借款本金和占用费按章程规定的还款方式偿还；

2. 还款时，由会计开出还款收据，出纳和还款人签字；

3. 会计汇总每月收款表并公示。

（三）逾期还款

1. 对不能按时偿还的借款本金，由理事会确认逾期原因，并讨论决定是否同意延长还款期；

2. 在小组联保的情况下，小组成员应承担连带还款责任。在借款未还清之前，小组成员不得借款；

3. 对有逾期还款的借款人，在还清借款后的一定时期内，不得再次申请借款。

六、收益分配

借款占用费收入在每年年底可按如下原则和顺序进行分配：

（一）支付非人工的管理成本，如印制农户借款申请书、借款合同、借款发放和回收记录、收据及培训等费用；

（二）支付管理机构人员的误工补助，补助标准由成员大会讨论决定；

（三）互助资金收益分配方案由成员大会讨论决定；财政扶贫资金的收益扣除支付贫困户的基准互助金相应的收益后，剩余部分和捐赠资金的收益转入本金。

第五章　管理与监督

一、财政扶贫资金管理

（一）拨付条件

在满足下列条件后，可以拨付财政扶贫资金：

1. 互助组织已成立，并建立了财务管理制度；

2. 互助组织已经开立银行专户。

（二）拨付方式

财政扶贫资金可一次拨付，也可分两次拨付到互助组织专用账户。

二、财务管理

（一）管理人员及职责分工

1. 根据《中华人民共和国会计法》，理事长全面负责村级互助组织财务管理，会计和出纳不得由同一人担任。

2. 会计主要负责互助组织资金管理和财务核算工作。负责按国家有关法规和财务规章制度及项目有关要求，及时进行会计制单、总账与明细账的记账工作，编制财务报表及报表说明；负责个人借款台账的建立和登记工作；负责财务业务的审查与复核、计算互助组织应收回的本金和占用费；负责财务凭证资料的收集、整理、装订和财务档案的管理工作；接受财务审计与监督，及时向理事会或上级财务主管部门反馈财务活动和核算中出现的重大问题等。

3. 出纳负责具体办理现金收付、保管与银行结算业务。根据合法、合规的财务手续及时办理现金和银行收支业务；负责使用银行财务票据，办理其领用和注销手续。对所开票据按时登账；及时进行现金日记账和银行存款日记账的记账工作；定期与会计对账，做到手续齐备、日清月结，账表相符、账实相符；负责互助组织内部个人借款的催收，做到上账不清、下账不借，严禁公款私用。

4. 财务人员应保持相对稳定，确因工作需要变动时，必须按《会计基础工作规范》规定办理移交手续，移交时要有相关负责人在场监交，并由移交人、接收人和监交人签字。

（二）印章与印鉴的管理

1. 互助组织需要使用的印章主要包括：互助组织行政公章、财务专用章、财务预留银行的个人印鉴等。

2. 各种专用印章应采用"专人使用，专人保管，专人负责"的办法。原则上行政专用公章由理事长保管，财务专用章由会计保管、银行预留个人印鉴由会计、出纳分别保管。银行预留印鉴和支付款项的全部印鉴严禁同一人保管。

（三）账户管理

互助资金不能存入以个人名义开立的银行账户。

（四）现金管理

1. 提取现金须经理事长同意并签字。

2. 每次回收的现金，应在当天或次日存入互助组织专用账户。

3. 提存现金须由出纳和至少一名理事会其他成员一起完成。

4. 出纳的库存现金不应超过 500 元。

（五）银行存款管理

互助组织应当严格按照《支付结算办法》加强银行账户的管理，按有关规定办理存款、取款和结算，严禁签发空头支票。理事会与监事会应当定期检查银行账户的使用情况、核对银行账户。

三、风险管理

（一）风险控制

为了更好地瞄准贫困户，互助组织的借款为无抵押品的信用借款。为了控制信用借款的风险，在任何时候，借款余额不能超过互助资金总额的百分之九十。互助组织可根据当地实际，采取以下一种或几种风险控制方法：

1. 借款额度由小而大。

2. 对不能按时还款的借款人停止发放借款。

3. 五户组成小组联保。

4. 可以按月、按周或其他还款周期分期还款。如果实行分期还款，可以考虑实行一定的借款宽限期（指开始还款之前的时间），以使从事农业生产的借款户能够按时还款。

5. 对逾期借款提高占用费率。对无特殊原因而逾期还款的成员，在逾期期间提高占用费率。提高部分占用费率，须经三分之二以上成员同意。

6. 优先向妇女成员发放借款。

7. 保留法律起诉的权利。

（二）风险准备金管理

1. 互助组织须建立借款风险准备金。风险准备金的标准为年底借款余额的百分之一加上逾期借款总额一定的百分比。借款风险准备金的提留（第二年起）可以参考下表：

风险准备金	比例%	举例	风险准备金
1. 年底借款余额的百分之一	1%	1. 年底借款余额十万元	1 000
2. 按逾期借款的逾期时间提留			
借款逾期 30-60 天	20%	借款逾期 30-60 天 5000 元	1 000
借款逾期 61-90 天	30%	借款逾期 61-90 天 5000 元	1 500
借款逾期 90-120 天	50%	借款逾期 90-120 天 3000 元	1 500
借款逾期 120 天以上	100%	借款逾期 120 天以上 2000 元	2 000
		风险准备金总额	7 000

2. 风险准备金可用于呆坏账的核销。

3. 呆坏账的认定和核销，须提交互助组织全体成员大会讨论通过，报村委会并向县级主管部门提出书面申请，由县扶贫办和财政局审查批准后，予以处理。

四、外部监督

（一）县扶贫办和县财政局是互助资金的县级指导部门和外部监督机构，负责对互助资金进行专门检查和监测。

（二）职责

1. 定期对互助组织开展现场监测；

2. 定期向上级主管部门提交监测报告；

3. 受理投诉，开展调查；

4. 配合审计部门对互助资金的审计；

5. 负责具体实施互助组织的退出事宜。

（三）方法

1. 现场监测

现场监测每季度至少进行一次，每次现场监测需有书面记录和报告。现场监测内容应包括：

（1）互助资金运转是否正常（不正常的定义见第二章第三款）；

（2）账务记录，银行交易记录，报表是否符合要求；

（3）理事会公示借款和还款情况；

（4）通过成员和借款户访谈，了解借款户是否符合条件，手续是否完备，是否有为他人代借的情况，是否有垒大户的情况，成员和借款户的贫困程度，借款的用途，成员和借款户对资金运行的意见和评论；

（5）互助资金以外的村民和村委会成员访谈。

2. 问卷调查

外部监测机构可以对农户开展问卷调查，了解其对村互助组织运行的满意程度，借款使用效益等。

通过监测发现资金运转不正常或存在其他重大违规情况，按手册第二章第三款处理。

3. 非现场监测

非现场监测包括审查和分析互助组织上报的各类报表，设立投诉电话，受理互助组织成员和其他村民的来信、来访，并在调查研究的基础上给予答复。

第六章 能力建设

互助资金管理的每一个环节都是能力建设的具体途径，整个运行管理过程就是能力建设的过程。

一、互助组织管理人员的培训

（一）互助组织管理人员指互助组织理事会成员和监事会成员。

（二）培训目的：使互助组织管理人员了解互助资金的组织、制度和操作程序；熟练进行账务处理和监测，规范管理。

（三）培训人员：县级主管部门工作人员，必要时专家协助。

（四）培训内容：

1. 互助资金的目标、宗旨、原则；

2. 互助组织的建立；

3. 互助资金运作管理；

4. 财务管理与风险控制；

5. 内部监督；

6. 项目管理培训和技术培训。

（五）培训可采用宣讲、可视技术、参与式、案例和实地培训相结合的方法进行。

二、互助组织成员的培训

（一）培训目的：使互助组织成员熟悉和了解互助组织的规章制度和互助资金的运行程序。

（二）培训内容为互助组织章程和财务管理办法。

（三）培训可采用宣讲、可视技术、参与式方法与实际案例讲解相结合方式，确保每个成员充分理解。

附录5 四川省贫困村互助资金试点风险资金管理办法（试行）

第一章 总则

第一条 为进一步探索我省贫困村互助资金试点管理机制，规范贫困村互助资金试点风险资金管理，提高资金风险防范能力，推进互助资金试点可持续发展，根据国务院扶贫办、财政部《关于进一步做好贫困村互助资金试点工作的指导意见》（国开办发〔2009〕103号）精神，结合我省实际情况，制定本办法。

第二条 贫困村互助资金是指由财政扶贫资金、村民自愿缴纳的互助金、社会捐赠资金组成的，在贫困村建立的民有、民用、民管、民享，周转使用的生产发展资金。

第三条 互助社应是在民政部门登记注册的非营利性社团组织，并按照《四川省贫困村村级发展互助资金操作指南》（川财农〔2008〕28号）对贫困村互助资金进行管理和运行。

第四条 贫困村互助资金试点风险资金（以下简称风险资金），是指由省级财政从扶贫资金中逐年安排，总额控制，原则用于弥补因不可抗拒因素导致贫困村互助资金损失而设立的财政专项资金。

第二章 资金申请与拨付

第五条 风险资金申请条件。当发生以下情况，互助社按规定自行提取的风险准备金已不足以核销呆滞借款时，可以申请使用风险资金：

1. 对区域内农业生产造成重大影响的自然灾害，如地震、洪灾、旱灾、雪灾、流行疾病或局部地质灾害等导致社员自然资本、人力资本丧失，借款不能收回。

2. 因国家政策因素，而非互助社或社员因素需要进行互助社资产清算的。

3. 其他特殊情况。

第六条　风险资金申请。符合申报条件的互助社，其损失或资产评估经社员大会讨论确定后，及时、准确、如实地填写《四川省贫困村互助资金风险资金申报审核表》（详见附件）进行申报，并附相关证明材料或图片。

第七条　风险资金审查。按照逐级申报、分级审核的原则，乡镇政府收到申报材料后应及时进行审核，签署意见后逐级上报至县（市、区）和市（州）财政、扶贫部门。市（州）、县（市、区）财政、扶贫部门对收到的申报材料进行审核并实地查看后，签署意见以正式文件上报省财政厅、省扶贫和移民工作局（扩权试点县市需通过市州申报），同时抄报省扶贫外资项目管理中心，并对审核上报资料的真实性负责。

第八条　风险资金拨付。省财政厅、省扶贫和移民工作局收到申报材料后，将组织人员进行审查，或派员进行实地核实，审查核实后拨付资金到市（州）和扩权试点县（市）。县（市、区）收到资金后应在 5 个工作日内拨付到相关互助社。

第三章　资金监管和使用

第九条　风险资金实行省级管理，由省扶贫外资项目管理中心具体负责。按照扶贫资金管理的有关规定，实行专户管理、专账核算、专款专用。

第十条　风险资金原则上用于弥补因人力不可抗拒因素带来的借款损失。因国家政策原因，需对互助资金进行清退时，如互助资金的集体资本及国家其他补助资金不能弥补其损耗或不足以支付社员缴纳的互助金，可用风险资金支付社员缴纳的部分互助金。

第十一条 互助社对风险资金的补助和社员使用情况应在村内进行公示（公示时间原则上不少于7天），接受全体村民监督。

第十二条 各级财政、扶贫部门应当加强风险资金的监督管理，对挤占、挪用、截留和弄虚作假骗取风险资金等违法行为，将按照《财政违法行为处罚处分条例》严格进行处罚，并依法收回相关资金。情节严重的，移送司法机关追究刑事责任。

第十三条 风险资金的使用和管理，接受审计、监察等部门的审计和监督。

第十四条 风险资金产生的利息收入，全部用于增加风险资金本金或银行相关费用。

第四章 附则

第十五条 各市（州）、县（市、区）可以参照本办法，建立本级风险资金，制定相应的管理办法。

第十六条 本办法由省财政厅、省扶贫和移民工作局负责解释。

第十七条 本办法自印发之日起执行。

附表：四川省贫困村互助资金风险资金申报审核表

申报单位（互助社）：	
互助资金基本情况：总户数： 　　其中入社农户数： 　　 贫困户： 　　入社贫困户：	
互助社运行状况：互助资金总额： 元，其中农户交纳： 元 　　风险准备金余额： 元，公积金余额： 元 　　截至当前借款余额： 元，逾期借款余额： 元 　　本次申请额度： 元	
申请原因： 　　　　　　　　　　　　　　申报单位（公章） 　　　　　　　　　　　　　　申报时间： 年 月 日	
乡（镇）意见： 公章 　　　　　签名 　　　　　审查时间： 年 月 日	
县（市、区）财政、扶贫部门意见： 县财政部门签名（公章） 　　　县财政部门签名（公章） 　　审查时间： 年 月 日	
市（州）财政、扶贫部门意见： 市（州）财政部门签名（公章） 　　市（州）扶贫部门签名（公章） 审查时间： 年 月 日	
省扶贫外资项目管理中心意见： 公章 　　签名 　　　　时间：	批准单位意见：（公章） 签名 　　　时间：

附：灾害损失证明材料、图片。

附录6 省扶贫移民局 财政厅印发
四川省贫困村互助资金试点退出管理（暂行）办法

川扶贫移民发〔2013〕463号

第一章 总 则

第一条 为认真贯彻落实中央关于扶贫开发要"实事求是，因地制宜，分类指导，精准扶贫"的精神，进一步规范、巩固、提升贫困村互助资金试点工作，根据国务院扶贫办、财政部《关于进一步做好贫困村互助资金试点工作的指导意见》（国开办发〔2009〕103号），四川省财政厅、四川省扶贫开发办公室《关于印发四川省贫困村村级发展互助资金项目操作指南（试行）的通知》（川财农〔2008〕28号）精神，特制定本办法。

第二条 本办法所称贫困村互助资金试点退出，是指2006年以来使用中央、省级财政专项扶贫资金开展互助资金试点的村，按规定程序需要实施互助资金试点退出的工作。

第三条 贫困村互助资金试点退出工作应在当地扶贫开发领导小组统一领导下，在各级扶贫、财政部门具体指导、协助下，积极慎重开展。启动退出前要做好周全的实施方案包括应对可能出现的突发事件的预案，并向当地扶贫开发领导小组报告批准，要做到尊重民意、公开公正、程序规范，确保退出工作平稳、有序开展。

第二章 退出条件

第四条 符合下列条件的贫困村互助资金试点村互助社（以下简称互助社），可以退出：

（一）通过扶持，产业发展较好，农户已无小额资金需求或有一定资金积累的试点村。

（二）农户在当地金融部门贷款容易的试点村。

231

（三）干部群众积极性不高，农户入社率低、资金借出率低，互助资金长期闲置的试点村。

（四）财务及管理混乱，互助资金借款逾期严重，且经整改无改善的试点村。

（五）长期不报互助资金软件数据，无法有效监管的试点村。

（六）符合《四川省贫困村互助资金操作指南》第三章第四条互助资金退出条款规定的试点村。

以试点村互助社为单位，符合上述（一）（二）款条件的互助社可以自愿提出申请退出；符合上述（三）（四）（五）（六）款条件的互助社，在摸清情况，核实问题的基础上，当地扶贫部门可以责成退出。

第五条　对拟退出的试点村互助社，县（市、区）扶贫、财政部门或乡（镇）人民政府应在实施启动前，及时通知试点村互助社的开户银行，停止互助社的取款业务，互助社资金只能存入不能取出。同时，通知试点村互助社停止一切借款活动。

第三章　退出程序

第六条　在试点乡（镇）人民政府及村党支部和村民委员会（以下简称村"两委"）的组织领导下，召开入社农户大会，在充分征求农户意见的基础上，经三分之二以上入社农户签字同意退出。

第七条　经入社农户签字同意退出的试点村，在乡（镇）人民政府有关部门协助下，就互助社运行情况、退出原因、社员意愿、财务状况、损耗分摊及剩余资金安排等内容，形成退出书面申请，经村"两委"及乡（镇）人民政府签署意见上报县（市、区）扶贫、财政部门。

第八条　县（市、区）扶贫、财政部门要深入实地核查情况，在确保互助社退出申请真实和资金安全、社区稳定的前提下，书面联合上报市（州）扶贫、财政部门。

　第九条　市（州）扶贫、财政部门经过认真审查相关材料，并对不少于三分之一的申请退出试点村进行抽查，对属整县退出的应全面检查，确认退出可行后及时书面批复。

第十条　对明确退出的互助社，市（州）批复的同时，须报省扶贫和移民工作局、财政厅备案；使用中央财政专项扶贫资金试点的还须通过省转报国务院扶贫办、财政部备案。

第四章　退出管理

第十一条　拟实施退出的试点村，应首先做好退出清理工作。清理工作在试点乡（镇）人民政府及村"两委"的指导下，由互助社理事会组成清理小组，负责互助资金的退出清理。

（一）清查互助社自成立以来的全部资产，即财政资金、占用费，入社农户缴纳互助金等资产。

（二）清理已借出尚未收回的农户借款及其他借款，以及相关借款申请、审批手续、借款约据、联保协议等。

（三）尽快催收农户借款及其他借款，若发生借款回收风险则按章程兑现联保责任，直至收回全部借款。

（四）核对银行往来业务，及时对已发生的合法费用和相关票据进行会计处理。

（五）整理齐全相关财务报表、质量进度报表、会计账簿和凭证等，上交乡（镇）人民政府妥善保管。

第十二条　组织核查。

（一）成立核查小组。核查小组应由县、乡（镇）财政部门组织的财务人员，与村"两委"成员及农户推选的村民代表组成。

（二）核查小组对互助社资产、负债情况以及互助社提交的相关报表、资料等进行核查、核对。

（三）核查小组在核查中，若发现违纪违法线索情况，须及时向有关部门报告。

（四）核查小组应将核查结果公告全体村民，无异议后才能进入清算程序。

第十三条　经批准实施退出的互助社，其资金清算原则和顺序是：

（一）根据章程，全额清退社员交纳的互助金。

（二）互助社在扣除管理费用后，对损耗进行摊销；因人为因素造成损耗，由责任人承担；其他损耗，经全体村民讨论，三分之二以上村民同意，确定摊销比例。

（三）剩余资金按照《四川省贫困村互助资金操作指南》第三章第四条规定用于本村公益事业或其他扶贫项目。但须按《四川省财政专项扶贫资金管理办法》（川财农〔2012〕70号）使用管理。

（四）村"两委"应将互助资金的清算、退还、使用情况和结果公告全体村民。

（五）退出的互助社要在当地乡（镇）人民政府的指导下，及时向民政、银行、质量技术监督等部门办理互助社机构、账户、代码等相关注销手续。

第十四条　市（州）、县（市、区）扶贫、财政部门对行政区域内贫困村互助资金退出工作进行指导，做好退出的组织和协调工作，并对相关工作进行检查，对检查中发现的问题及时处理和反映，保证退出工作有序开展，不留后遗症。

第十五条　对县（区、市）扶贫、财政部门未认真履行管理、审核职责的，乡（镇）人民政府、试点村互助社催收借款不力的，擅自使用资金、私分资金的，市（州）级扶贫、财政部门应当责令改正，并按《财政违法行为处罚处分条例》规定，对有关单位和责任人员进行处罚处分。

第五章　附　则

第十六条　各市（州）、县（区、市）扶贫、财政部门可根据当地情况制定退出细则。

第十七条　本办法由省扶贫和移民工作局会同财政厅负责解释。

第十八条　本办法自印发之日起执行，有效期两年。

后　记

　　近年来，我对贫困村资金互助社的发展进行了长期关注，通过对贫困村资金互助社的实地调研，与各类相关人员的深入交流，写下了这本关于四川省贫困地区发展互助资金的专著。通过对近年研究成果和思考的梳理，我期望能对四川省贫困村资金互助社的发展情况做一个总结。本书主要在对已有理论进行整理和分析的基础上，借鉴国外发展经验，顺应我国农村信用合作的发展历程，剖析了四川省贫困村资金互助社的现状及面临的诸多问题，分别从理论和实际出发探讨了四川省贫困村资金互助社当前面临的问题，并提出了针对性建议，为贫困村资金互助社的研究和发展提供一点启发和借鉴。

　　贫困村资金互助社是在扶贫背景下诞生的由国家政策主导成立的农村信用合作组织，为国家扶贫事业、提高贫困地区农民收入和促进农村经济增长做出了巨大贡献。在脱贫攻坚如火如荼，农村经济改革试点逐步扩大的新形势下，贫困村资金互助社仍然具有很大的发展空间，为了能更好地为脱贫攻坚服务，为"三农"服务，找到更好的出路，对贫困村资金互助社加强建设与完善，需要政府、社会各界人士的长期关注和支持。贫困村资金互助社自身具有的益贫性，对完善农村基层金融服务体系有着重要意义，这就更加值得我们对其重点关注。同时，关于贫困村资金互助社的下一步的发展方向，更加应当被重视。期望国家政策继续大力扶持完善农村信用合作组织的体系建设，期望四川省贫困村资金互助社能为更多的农户带来福利。

感谢在研究和写作过程中全心全意支持我的领导、专家、各县乡的贫困村资金互助社工作人员、同事、学生和亲朋好友们，你们的关心和支持才让我顺利完成了这本专著的撰写。我将一如既往地继续关注贫困村资金互助社的发展，继续投身于农村金融事业的发展。

郭　华

二〇一七年夏于成都